지적 재산이 물적 재산을 형성한다

松山 공노석 지음

청어

지적 재산이 知的 財産
물적 재산을 物的 財産
형성한다   形成

松山 공노석 지음

글을 쓰려는 마음

○ 내 70년이 넘도록 살아보니…

- 지적 재산이 물적 재산을 이룬다는 것이다. "지적 재산"이란 학문으로 스펙을 쌓고, 학습으로 상식과 지식을 배우고 터득하여 머리에 담은 것과 사회적 윤리와 공중도덕과 예의 있는 인성과 품성으로 도리를 지키며 교양 있는 말과 행동으로 자존감을 높이는 모든 행위로써 "쓰면 쓸수록 커지고 높아지는 인격"을 말하는 것이라 소유가 무한대라는 말인데 필자가 살아본 경험에서 만들어진 말이고 "물적 재산"이란 쓰고 나면 소멸(消滅)되는 돈과 재물과 권력 등 소유가 제한적이고 한시적인 것을 말하는 것이다.

○ 설정한 책의 제목 "지적 재산이 물적 재산 형성"이란 해설을 명시하려 대한민국 역사와 비슷한 70여 년 넘도록 살아온 근현대사의 보편적이고 평범한 소시민으로서 살면서 경험에 의한 나름의 삶에 가치인 자존감 높이고 정체성을 확립하려고 글

쓰기가 전문이 아니라서 어설픈 글이 되겠지만 경험에 의한 사실과 진실로 실사구시(實事求是:사실을 바탕으로 진리를 탐구하는 것)와 격물치지(格物致知:사물에 이치를 깊이 연구하여 지식을 완전하게 함)로 논하려 하기에 필자만큼 살아보지 못하여 경험이 부족하므로 지혜롭고 현명하게 삶을 영위하는데 제한적일 수밖에 없을 젊은 세대에게 보정(補正:부족한 부분을 보태어 바르게 함)하거나 보완(補完:모자라거나 부족한 것을 보충하여 완전하게 하는 것)하는 데 도움 되려나 하는 소박한 기대심으로 이 글을 쓰기로 한다.

 - 물론, 나이로만 보고 세대 차이로 치부하지 않고 노마지지(老馬之智:늙은 말의 지혜라는 뜻으로 아무리 하찮아도 저마다 장기長技나 장점을 지니고 있음)를 학습하려는 사람에게 보탬이 되고 보약이 될 거라는 사실이다.

 - 여기에 더하여 노년 세대는 젊은이들에 새로운 지식과 상식을 터득하고 배우려 하며 가치성을 높이려 하고 보정 하려는 노력으로 자신을 한층 돋보이게 자존감을 높이면 "꼰대 노인네"로 치부 받지 않고 존경받는 어르신으로 인정받을 거라는 자성(自省)과 각성(覺醒)을 기대한다.

 - 태어난 시대가 다르고 살아가는 환경이 다르기에 인성이 다를 수밖에 없으니 세대 차이를 서로가 인정하며 내 것으로 보정하고 보완하려는 것이 자아실현으로 자기 사랑이 된다는 생각이다.

지적 재산이 물적 재산을 형성한다

특별히 젊은 세대에게 강조하고자 하는 말에는, 부모는 오랜 세월 살아본 경험으로 격물치지를 자식에게 전수하여 더 잘 살기를 바라는 마음에서 가르쳐 주려는 것에 "못 믿고 불신하여 그런다"고 치부하고 학문적 지식이 많은 것만을 앞세우고 우선하여 부모의 노마지지(지혜)를 외면하는 것은 자신의 발전에 도움 되지 않고 부모에는 불효하는 것으로 알아야 한다.

○ "인생사는 자동차 운전과 같다"는 생각이다.

- 운전면허 취득하고 자동차 구입(출생)하여 집에서 출발하여 목적지(건강한 평균수명 이상으로 삶)까지 가는 거리 42,195㎞(마라톤 거리 42.195㎞의 1,000배)를 운전하는 것과 같다고 비유하여 보면 남보다 먼저 가려는 욕심(돈 권력 등 재물 욕심)에 속도위반하고 신호위반 하는 등(불법, 탈법, 탈세 등)으로 범칙금과 과태료(전과자, 벌금, 구속) 내며 음주운전으로 목숨 잃고 목적지에 도착하지 못하는(조기 사망) 운전은 물적 재산에만 목적을 두고 사는 것과 같은 것이고 교통법규 지키며 안전운전(준법, 윤리, 도덕, 예의, 도리 지킴)하며 중간 휴게소에서 쉬엄쉬엄(배려, 베풂, 즐거움, 행복) 졸음운전 않고 목적지(보람 있는 삶의 행복)에 무사히 도착하면(행복한 인생사로 귀감 되게 존경받는) 멋있고 아름다운 지적 재산에 기반한 운전자라서 "보람 있는 삶으로 행복한 사람"이라는 사실을 운전하는 격물치지로 터득하였다.

○ 돈을 버는 기술을 "경제 전문가나 경제학자만큼 학문적 고견으로 논할 수 없다."는 솔직한 생각에 논외로 하려 하지만 "돈을 가치 있고 값 되게 벌어서 지적 재산으로 물적 재산을 재테크하여 행복하게 사는 방법을 확실하게 말해야겠다"는 생각에 사명감을 갖게 됨에는 세상이 물질 만능으로 물적 재산에만 목숨 거는 세상으로 급변하며 쇠퇴하고 퇴보하여 "물보다 진하다는 피가 돈보다 못한" 가치로 치부 받아 "피보다 진한 것이 돈"이라는 염치없는 비인간적 사회로 퇴락하여 결국에는 물적 재산에 노예되어 인생을 망치고 진정한 행복은 요원하여 불행한 삶으로 인생을 끝내는 현실에 안타까움이 많아서 진정으로 가치 있는 물적 재산이 무엇인지 성찰하는 기회가 되는 글로 제2의 인생이라 할 수 있는 노년기에 아름다운 삶으로 보람 있는 행복을 추구하는 사람이 감(敢)히 많기를 기대하는 것이 과욕일지라도 한 시대를 보람 있게 살아온 사람으로서 양심(良心) 있는 글을 쓰려는 것이다.

결론적으로 요약하여 말하면 "누구나 보편적으로 전기 절약하고 물 절약 등으로 아끼고 절약하면 재산이 축적된다"는 것은 인식하고 있을 것이나 "지적 재산이 많을수록 생활 속에서 지혜로운 아낌과 절약의 마중물이 생산성까지 증대되고 향상되어 재테크적 물적 재산이 형성된다"는 것은 인식이 부족할 거라는 데서 논하려는 것이다.

아무리 돈이 많고 권력이 높아도 "지적(知的)인 인성(人性)이 없으면 만사(萬事)가 허사(虛事)라서 행복할 수 없다"는 것과 인면수심(人面獸心:사람의 얼굴을 하고 있으나 마음은 짐승과 같다.)이 만연한 사회적 폐해를 인식하지 못하면 "인생을 효율적이고 효과적으로 아름다운 보람으로 삶을 영위할 수 없다"는 것을 논하며 "지적, 물적 재산으로 인생을 재테크하는데 경륜이 부족한 세대에 도움되려나 하는 기대심이 더 많다"는 사실에는 필자에게 보람이 될거라는 데서 그렇다.

아는 만큼(지적 재산) 보이고 (世上事:세상에서 일어나는 일) 보이는 만큼 물적 재산을 이루면서 살아야 귀감 되는 사람으로 아름다운 보람이 되어 행복한 인생이 된다.

덧붙이자면 급변하는 시대에 남보다 먼저 새로운 정보와 지식과 상식을 알아야 앞서가는 지적 재산으로 기회를 선점하는 효율성을 담보할 수 있어서 아류(亞流)로 살지 않는다는 생각에 글을 쓰는 마음을 담았다.

차례

Ⅱ 물적 재산

Ⅲ 행복이 아름다운 인생의 전부다

I

지적 재산
知的 財産

1.
학식과 학술의 인성교육이
지적 재산이다

　인생을 크게 보면 30년 단위로 3단계 변곡점이 되는데, 태어나서 30년의 청소년기에는 학문의 성장기이고 다음 30년은 인생 성숙기로 중·장년이고 마지막 3~40년은 노년기로 아름다운 인생을 향유할 때라는 데서 1단계인 청소년기에 학식과 학술의 과정이 인생의 초석기(楚石期)라서 참으로 중요한 인생길의 떡잎인데 부모들의 교육방식이 너무나 안일하고 부화뇌동(附和雷同)이 심하여 무개념으로 남이 하는 대로 따라서 한다는 사실이다.

　무조건 "남이 가르치니 내 자식도 가르쳐야 한다"는 교육열이 만연해있는데 지혜롭고 현명한 판단으로 자식이 성장하여 독립하고 자립정신으로 먹고살 수 있는 필수적 교육으로 선택과 집중이 중요하다는 것을 간과하고 있다는 말이다.

　냉철히 말하면 인간이 공부하는 이유가 "먹고 살기 위해 직업 선택함에 부가가치 높은 직종을 가지려는 것"이고 "인성과 품성을 값지게 하여 인간다움으로 인격과 품격을 높이려는 것" 이라는 사실을 인지하지 못하면 왜곡된 교육을 할 것이라는 사 실이다.

유소년 학생에게 "꿈이 무엇이냐" 하는 것은 "어떠한 직업을 원하느냐" 하는 말과 같기에 "공부하여 원하는 직업을 선택하 려는 것과 인성을 높이려는 것"으로 총론적으로는 "인격을 높 이고 품격을 높여 인간답게 살려"고 "선발의 직업에 경쟁력 키 우려고 공부에 전념한다"는 말이다.

직업을 갖기 위한 선택적 집중교육으로 남보다 집중력을 갖 도록 하되 인격을 갖추도록 윤리와 도덕심과 예의를 내면에 갖 도록 함이 먼저여야만 하지 인성 없는 선택과 집중교육으로 스 타나 명장이 되어도 보람 있는 행복이 되지 못할 것이다.

선택과 집중교육은 그 분야에서 남보다 앞서가려는 경쟁력이 목적이며 남보다 앞서가는 사람만이 누릴 수 있는 특권(명성에 의 한 돈)이 있기에 결과로 따라오는 성공한 사람으로서 행복의 조 건이 이루어지면 높은 인격이 수반된 사람에게 진정한 행복이 된다. 돈의 양이 행복을 담보하지 못한다는 것이다.

예를 들면 손흥민 축구선수를 부모가 선택과 집중으로 축구

유학을 보내며 월드클래스 권에서 직업을 영위(營爲)하여도 오만과 교만하지 않고 겸손한 성품으로 스타성을 돋보이게 함에는 부친께서 "언제나 겸손하라"는 가르침으로 인성을 갖도록 했다는 것을 타산지석(他山之石)으로 삼아야 하며, 임윤찬 피아니스트가 18세 최연소로 밴 클라이번 콩쿠르 우수상을 받은 것도 선택과 집중이란 사실이지 대학 졸업장이 아니고 어린 시절부터 독립과 자립심의 인성을 부모로부터 받았기에 글로벌 최연소 거장(巨匠)이 되었어도 자만하지 않고 겸손하여 찬사를 받는 음악인과 BTS(방탄소년단)가 대학 졸업장 있어서 K팝으로 글로벌 스타가 된 것이 아니고 유소년 시절부터 선택과 집중교육으로 일궈진 결과이며 부수적으로 따라오는 부(富)도 누리고 있을 것이나 그이들 모두의 인성과 품성을 나로서는 알 수 없기에 하는 말은 "인성이 되어 지적 능력이 있는 사람은 노년기가 행복할 것"이고 인성과 품성이 갖추어지지 못한 사람은 노년이 불행할 거라는 사실에는 "현재는 유명하고 유능한 사람이 돼 있어도 각자의 지적 능력으로 미래 지향적 준비를 어떻게 하느냐"로 여생이 달라지므로 "노년기에 행복한 사람이 있고, 불행한 사람이 있을 수 있다"는 말이며, 이것을 "지적 재산이 물적 재산을 형성한다"는 것이다.

그런데, 일반적으로 많은 사람은 자식들을 물질 만능주의로 잘

먹이고 잘 입히려고만 하고 건강과 인성교육은 간과하고 학교와 학원으로 혹사시키며 힘들고 고생을 강요하는 교육으로 창의성 없고 자립심과 독립심을 외면하며 애지중지가 최고인 줄 알고 시험 잘 보는 기술자로만 키워서 "성적이 몇이고 몇 등 하느냐?"로 남에게 자랑하는 것으로 만족하는 현실이라서 부모들이 자아의식을 성찰하여 자식 교육도 효율적이고 효과적으로 하여 "미래가 경쟁력 있고 부가가치 높은 삶을 살도록 해야" 한다.

만약에 지체장애인 자식이 있을 경우 어떻게 키울 것인가 하면, 안쓰러운 부모 마음에서 "무엇이든 거들어 주고 도와줌"이 습관화되어 부모에게 의타심으로 의지해야만 살 수 있게 키우면 독립과 자립심이 없어 평생 불행한 자식이 될 것이고, 눈물을 머금고 스스로 하도록 강하게 키우면 장애인 자식은 당장에는 부모를 원망할 수는 있겠으나 기나긴 세월을 자립의 의지력으로 무엇이건 혼자 스스로 하려는 마음을 갖도록 키워준 것을 "부모에 감사한 마음을 갖게 되는" 그때가 "진정한 자식 사랑이었음을 부모와 자식이 함께 느낄 것"이라서 그날을 보고, 서로가 자립심과 독립심을 목표 지향하는 것이 진정한 부모 사랑으로 알아야 한다.

이것을 내 부모는 "자식을 속으로 사랑해야지 겉으로 사랑하면 잘못되길 바라는 것과 같다"고 하며 내 자식에 엄하게 키우기를 주문하셨다.

그래서였는지 필자가 중·고교 시절에는 학교를 선택하여 시험에 합격해야 진학하고 입학할 수 있는 때였는데 입학 과정이나 졸업식에 부모 형제가 단 한 번도 학교에 방문하거나 축하도 없었고 모든 것을 나 스스로 해결하고 헤쳐 나갔다. 그래서 내 인생 자체가 독립과 자립으로 일평생을 이루었다.

그 결과는 지인들을 돕는 보람으로 행복을 영위하는 인생이 되었다.

초·중·고교 과정을 명문대 가기 위한 수단에 불과한 기계적 암기 교육 환경은 "글로벌 시대정신에 맞지 않고 자본주의 민주공화국 정체성에도 맞지 않는다"는 사실에는 정부 교육정책에도 문제가 있으나 부모 세대의 사고방식에 문제가 더 많다는 생각이다.

근래에 매스컴에서 보면 "중학생이 여교사의 수업 시간에 핸드폰 갖고 놀며 수업 방해해도 관여치 않고 남학생이 상체를 완전히 노출하고 앉아있고 하는 것"을 보노라면 "학생은 학생이길 포기한 폭력배의 현상이고 교사는 선생님이길 포기한 것"에서 원인을 찾고자 하면 "학부형들이 자식 사랑을 왜곡되게 하였다는 것이고 교사는 직업의식만 있어서 시간이나 때워서 월급이나 받으면 된다"는 이기심에서 "선생님이란 소명 의식과 사명감이 없다"는 사실에서 대한민국의 미래가 걱정되기도 한다.

인성교육 없는 학문 기술자는 인면수심(人面獸心)이다.

피땀으로 돈 벌어서 자식 교육에는 아낌없이 쓰면서 교육감 선거에는 진영으로 정치적 이념에 의한 편향된 투표는 자기 부정이고 자식을 왜곡되게 인성 교육하는 결과로 평생 불행한 가정이 될 것이라는 걱정도 해본다.

피땀으로 벌어서 자신에게는 한 푼이라도 아끼며 자식에는 물질 만능으로 아끼지 않고 쓰는 것에 비효율과 비교육적으로 왜곡된 자식 사랑이라서 비경제적이라는 사실도 알아야 한다.

학식과 학술의 과정은 무엇보다 인성교육이 먼저이고 수반되는 직업을 선택할 전문교육이 되어야 경제성이 효율적이라서 보람 있는 행복감에서 지적으로 물적 향유를 할 것이다.

그리고 직업 선택과정에 있는 젊은 청소년 당사자는 부화뇌동(附和雷同)하여 멋지게 성공한 스타에 매료되어 자기 능력이나 자질은 생각지 않고 겉으로 좋아 보이는 것만 보고서 꿈을 갖는 것은 절대로 피해야 하며 "좋아하되 잘 할 수 있는 것"을 선택하는 혜안과 지혜가 있어야 즐기는 삶으로 성공할 수 있다.

노파심으로 더하고 싶은 말은 학창 시절에 공부 열심히 하고 전념하는 것이 나쁘다거나 불필요하다는 것이 아니고 공부에 재능이 뛰어나 공부에 정열을 바쳐 출세하고자 하는 것(행정고시나 외무고시나 사법고시 등에 합격하여 사회 진출을 앞서가고 직업으로 교수가 되는 것 등)은 바람직하고 좋을 것이지만 대학 졸업장 받기 위한 단순함으로 막대한 돈과 아까운 시간을 낭비하는 인생은 바람직하지 않다는 필자의 생각이다.

이러한 목표 의식 있는 학구열로 인생을 효율적이고 효과적으로 앞서가는 사람이 되면 금상첨화(錦上添花)일 수 있다는 것이나 인성과 품성의 인격이 먼저여야 행복으로 귀결된다.

인격은 행복을 담는 그릇이 아니고 행복을 창조하는 주체이기 때문에 "인격이 먼저여야 행복하다"는 말이다.

요즈음 "고학력 실업자가 많다"는 것에 원인을 분석할 필요가 있다.

산업 현장은 인력 부족으로 "외국인이 없으면 일을 할 수 없다"는데 실업자가 많다는 것은 대학이란 졸업장이 삶의 기준이 되다 보니 같은 졸업장으로 대기업이 목표이고 중소기업에 가는 것은 자존심으로 안 가려는 것이다.

같은 졸업장이라서 실력 차이는 인정하지 않으려는 오만으로 실업자로 전락하여 무상한 인생으로 지적 재산이 무지한 것이 되면 물적 재산은 요원할 것이라서 눈높이를 낮추어 적토성산(積土成山) 하려는 겸손이 지혜이고 현명한 미래가 될 것이라 본다.

회의감(懷疑感:의심이 되는 느낌)으로 회자 되는 말 중에 대비되는 두 가지를 말하려 한다.

먼저 "많이 배운 자식이 불효하는 경우가 많다"는 것에는 배움이 많아 머리로 계산이 빠르기에 개인주의적 이기심으로 자아의식이 먼저라서 치사랑보다 내리사랑으로 자식에는 아낌없어도 부모와 타 가족에는 등한시하는 경향이 요즈음에 심화되는 현실이라서 회자 되는 말일 거지만 인과응보(因果應報:행한 대로 업에 대한 대가를 받는다)를 모르는 행실이라서 집단지성적 행복을 모르는 행위로서 불행을 자초하는 것이다.

다음으로 "굽은 나무가 선산 지킨다"는 말에는 배움이 부족하여 삶이 거칠어도 가족에 대한 의무적 우애로 가화만사성(家和萬事成:집안이 화목하면 모든 일이 잘된다)을 알기에 사명감과 소명 의식으로 부모에 효도하고 조상을 섬기려는 뿌리 근성이 많다는 말에는 가족적 자존감을 높이는 진정한 행복을 추구하는 인성이 있다는 말이다.

요즈음 많은 배움으로 학식과 학술이 많더라도 인격적 지적 능력이 부족하면 인과응보 적 불협화음으로 불행이 수반 될 거라는 말이고 배움이 적어도 지적 능력이 높고 많으면 가화만사성으로 보람 있는 행복이 수반 될 것이라는 말이다.

학문과 학습으로 많이 배우고 알려는 것과 대학 졸업장 등으로 스펙을 쌓는 것도 "지혜롭고 현명하게 살려는 삶에 수단이지 목적이 아니다"라는 것을 알아야 세상을 효과적이고 효율적으로 로 살 수 있다.

결론적으로 물적 재산으로 즐거움을 향유 하려면 학식, 학술, 학문은 지적 재산에 일부로 알고 자만하지 말고 인성과 품성 있는 인격의 지적 재산으로 보람 있는 행복을 누려야 한다는 말이다. 세상이 글로벌화 되니 개인주의라는 미명으로 이기심이 사회를 지배하고 있어 인간미가 실종되고 있는 것이 문제다.

학부형 세대에 권장하고 싶은 말이 있다.

자식을 학교와 학원에서 열정적으로 가르치는 것 못지않게 독서에 취미를 갖게 하여 독서광이 되게 하고 더 중요한 것은 학교에서나 집에서도 언제나 "질문을 많이 하는 사람"으로 키워야 한다.

질문이란 호기심에서 할 수도 있겠으나 세상을 10년, 20년밖에 살아보지 못한 자식은 "알고 배우려는 의지력과 창의적으로 배우려는 인성을 길러 주어야 사회생활에서 열정적으로 학습하려는 마음가짐을 갖게 한다"는 것에서 하는 말이며 질문하려면 배운 것과 비교 우위로 평가하고 새로운 것으로 더 좋고 낫다는 현실성으로 알려 하고 더 많은 창의성이 되기에 질문하는 것이다.

스펙이나 학점보다 창의성 있는 잠재성을 길러줘야 사회생활을 학습력으로 선도하여 지배자가 될 수 있다.

필자가 사회생활 하며 목도 한 것은 명문대 출신이라도 "모두가 사회성이 좋고 명석하지 못하다"는 것에서 명문대 가는 것도 삶의 수단에 불과한 것이고 "대학에서 공부를 열심히 했느냐"가 사회성 우열을 판가름한다는 사실을 알아야 하고, 교육의 본질인 사람의 됨됨이 인성교육보다는 상위권 명문대 가려는 게 목적이다 보니 과도한 과외 사교육비가 가계부에 부담되어 출산율 저하에도 막대한 영향을 준다는 것을 함의 적으로 명심하고 각성할 필요가 있다고 본다.

왜곡된 교육풍토가 나라의 명운(命運)인 출산율까지 영향을 준다는 거에 대승적으로 생각해 보았다.

학식과 상식이 많아서 "똑똑하여도 지혜롭고 현명하게 살지 못하면 만사가 허사이고 아니 배움과 다를 바 없다" 하였고, 똑똑하여 말 잘하는 달변가라도 인성과 품성이 일치하지 않기에 사람은 인성과 품성이 똑똑함보다 먼저여야 지적 재산이 된다.

대학 졸업장과 박사학위 있고 말을 유창하게 한다고 유식한 것이 아니고 도리를 알고 예의를 지키고 윤리와 도덕을 지키며 인성과 품성이 좋아서 합리적이며 논리적으로 품격 있는 인격자가 유식한 것이다.

이러한 말을 도산 안창호 선생께서 "똑똑함은 현명함의 수단"이라고 하였다.

매스컴에서 어용 지식인(정치인)으로 똑똑한 척하는 사람을 많이 보고 있으나 지혜롭고 현명하지 못하여 자승자박(自繩自縛:자기가 자기를 망치게 한다.)으로 인생을 망치는 현상을 목도하고 있으니 반면교사(反面敎師:다른 사람이나 사물의 부정적인 측면에서 가르침을 얻음)로 터득할 수 있다.

아집이 강하여 오만하고 교만하면 시비지심(是非之心:옳고 그름을 가릴 줄 아는 마음)을 평정(評定)할 수 없기에 "겸손이 인격"이라는 자세를 가져야 지적 재산의 토양이 된다.

만세사표(萬世師表)인 공자(孔子)도 "나는 아무것도 모른다. 무지하여 무엇이 진리인지 탐구한다." 했고 "배우는 사람이 행복하고 배움과 꿈을 버리는 순간 늙는다." 했듯이 배움에는 끝이 없고 아무리 많이 알고 똑똑해도 인류 사회에서 자신이 아는 것은 한 점에 불과할 정도로 미미한 것이기에 겸손해야지 아집이 강하여 오만하고 교만하면 교류가 되지 않아서 불협화음으로 분열되어 분노만이 유발되는 불행을 자초한다.

유식한 사람이란 박학다식(博學多識:학식이 넓고 아는 것이 많음)하여 똑똑하고 말 잘하는 사람을 보편적으로 일컫는 것이지만 많이 배운 것을 이용해 불법과 탈법이나 편법으로 남에게 피해 주는 사람은 아니 배운 사람보다 못하니 진짜로 무식한 사람이라는 것이다.

이러한 사람을 "똑똑하다고 표현해서는 안 되고 머리가 비상하다"고 표현할 수는 있다.

알고 모름의 차이점을 일상의 현실에서 사례로 보면 "사기 친다"는 말은 "어떠한 사항을 잘 아는 사람이 모르는 사람에게 속여서 손해를 끼치거나 피해 주는 것"을 말하기에 모르면 당하는 것이고, 아는 것을 나쁜 곳에 쓰는 것으로 "가해자와 피해자로 구별되어 알고 모름에서 가름 되는 것"으로 "알려 하고 배우려는 지적 재산이 중요하다"는 사실이다.

정부에서 지원하는 복지 제도도 알아야 신청하여 받을 수 있지, 모르면 받을 수 없다. 몰라도 찾아와서 주려는 경우는 특별한 문제가 있을 때만 그러기에 제한적이고 모르면 못 받는 것이 일반적이다.

이러한 사실에서 "인격적 지적 재산이 물적 재산 이루는 데 토양이 되고 초석이 된다"는 것이다.

2.
창의성과 창발적 학습력이
세상을 선도한다

　세상은 "교과서대로만 되질 않기에 교과서대로만 살 수 없다" 는 것에서 "창의성 있는 학습력이 세상을 선도하고 지배할 수 있다"는 것을 명심해야 지혜롭고 현명하게 삶을 영위할 수 있다.

　하지만 세상은 아는 만큼 보이기에 학식과 학술과 학문을 열정적으로 배워서 알아야 학습력도 효율적이고 효과적으로 극대화할 수 있기에 학문 과정이 중요하다는 것이다.

　학습력은 사회 생활하며 세상을 살아가는 과정에서 실사구시적 경험과 격물치지 과정에서 효율적이고 효과적인 창발성으로 상식과 지식이 얻어지는 것이라서 세상을 선도하고 지배하는 위치에 서려면 철저한 개념으로 학습력을 체질화해야 한다.

　배고픔을 들고 아는 것 보다 가진 것이 없어 굶어봐야 진정한 배고픔을 이해하고 알 수 있듯이 겪어본 학습력이 세상을 지배한다.

여기에 더하여 하고자 하는 말은 "세상은 속도가 아니라 어떠한 방향으로 보느냐와 어떠한 목적의식으로 가치추구 하느냐"에 따라서 결과물이 다르게 된다는 사실이다.

즉, 물질 만능 시대라는 편협함으로 물적 재산에만 우선하고 전념하면 지적 재산이란 인간성을 망각하여 인생을 망치는 우(愚:어리석음)를 범하여 결국에는 모든 물적 재산도 허무하고 허상으로 불행을 자초하는 자승자박(自繩自縛:자신이 한 말과 행동에 자신이 구속되어 괴로움을 당함) 되더라는 것이다.

창의성과 창발적으로 세상을 효과 있게 살려면 불치하문(不恥下問:자신보다 못한 사람에게 묻는 것을 부끄럽게 여기지 않는다)을 인생철학으로 삼고 경험 많은 선배뿐 아니라 누구에게도 배우려는 마음가짐으로 전수받고 배우려는 자세와 후배 세대로부터는 자존심 버리고 급변하는 세상사를 학습력으로 배우고 보정 하려는 자세여야 자존감이 높아지며, 삶의 가치도 변화에 적응하려는 열린 마음이어야 선도자 되고 지도자 위치에서 존경받는 인격자로서 지적 재산에 의한 물적 재산이 형성될 것이라는 말이다.

적자생존(適者生存)이란 "환경에 적응하는 생물만이 살아남고,

그렇지 못한 것은 도태되어 멸망하는 현상"이란 말인데 요즈음
에는 같은 글자와 말로 "적자생존"을 "적는(메모하는) 자만이 살
아남는다"는 뜻으로 회자 되고 있는데 두 말 모두가 인생사를
가치 있게 살려는 학습력에 참으로 중요하고 부합되는 말이라
고 본다.

첫 번째 적자생존(適者生存)은 인간이 일평생을 살면서 급변하
는 환경에 적절히 적응하고 창의성 있는 학습력으로 살지 않으
면 가치 있고 뜻있는 보람으로 살지 못하여 행복할 수 없어서
도태될 것이라는 말이며, 두 번째의 적자생존은 "천재도 적는(메
모하는) 사람을 이기지 못한다"고 하는 말과 같이 메모하는 습관
이 창발적 학습력을 극대화하는데 첩경이라는 사실을 필자가
동년배 친구들보다 10여 년 이상을 앞서가는 삶을 살아온 인생
사에서 입증하였기에 자신 있게 말할 수 있다.

필자는 첫 직장이 아파트 신축 분양사업 하는 시행사라서 시
공사인 건설회사에 공사 감독하는 직책을 맡아서 작업지시 감
독하려면 수첩에 메모를 하여야만 하였고 현장에서는 분필을
갖고 다니며 벽체에 작업 지시서를 적어놓고 다니며 감독하는
과정에서 효과적이고 효율적임을 터득하여 직영공사 하는 과정
에서는 현장소장 하면서 같은 방법으로 작업 관리하여 지시사
항을 완료할 때까지 "확인할 수 있는 기억력 한계"를 극복하여

직원이나 협력 업체에서도 "기억력을 인정받아 작업을 효율적으로 관리할 수 있었다"는 사실에서 메모하는 버릇이 습관화되어 현재까지 수첩을 항상 소지하고 다니며 약속이라거나 일과에서 중요한 사항은 그때그때 메모하여 일기장과 같이 사용함이 습관화되어 수 년 전 것도 보관하였다가 언제나 필요하면 찾아볼 수 있게 생활에 활용하고 있어서 삶에서 "능동적이며 효과적으로 부가가치 높게 살 수 있다"는 것이다.

요즈음은 스마트폰의 메모도 함께 이중으로 활용하여 효과적으로 생활화하고 있다.

그리고 필자의 좌우명이 무신불립(無信不立:믿음이 없다면 일어설 수 없다)으로 신뢰(믿을 信, 의뢰할 賴)는 자신의 언행으로 얻어지는 것이라서 삶에서 제일 중요하게 생각하는 신뢰성을 쌓고 얻으려면 "한 말에 책임지고 약속을 지키고 주어진 일과 업무에는 소명 의식과 사명감이 있어야 한다"는 책임 의식이 있어서 그 수단과 방법으로 "메모하는 습관이 제일 중요하다"는 사실과 학습력 향상에도 첩경이란 말이다.

이같이 사람은 환경의 지배 속에서 인성과 품성이 길러지는데, 필자는 젊은 날부터 건설 현장에서 살았기에 환경적으로 정제되지 않고 젊음을 거칠게 살았던 것을 성찰하여 인성과 품성에 자존감을 높이려 하고 있으며 "열정으로 성취감에 보람있게 살았다"는 것에 만족하고 있다.

영국에서는 "노인 한 명이 사망하면 도서관 한 개가 없어진 것으로 인식하는 가치성을 중요시 한다"는 전통문화에는 사람마다 각자가 "삶에서 학습력으로 얻어진 지적 재산을 아주 중요시 한다"는 것에서 "학문으로 기록된 서적 이상으로 가치 있게 여긴다"는 사실인데 요즈음 젊은 세대는 스마트폰, 인터넷으로 무엇이고 얻어 볼 수 있다며 연륜과 경륜으로 쌓아진 노마지지 (老馬之智:늙은 말의 지혜로 하찮은 것일지라도 저마다 장기나 장점을 지니고 있음) 의 지식과 상식과 지혜로움을 가치 없게 치부하는 경향이 많은데 선별적으로 받아들이는 지혜가 현명할 것이고 스마트폰이나 인터넷에 있는 자료는 자신의 지적 재산이 아니고 백과사전에 있는 것과 같아서 "쉽고 편리하게 찾아볼 수 있을 뿐이라는 사실을 인식하여야 한다"는 것이다.

　그것을 "사색 없이 검색만 하는 풍토라서 인간미가 없고 있을 수 없다"는 사실이다.

　스마트폰 속에 있는 것이 "들고 다니는 사람의 것"이라면 "모두가 지식과 상식이 같아야 하지만 그렇지 않다"는 데서 그 기기 안에 소장(所藏)된 것을 빌려 쓸 수 있는 채무성에 불과하다는 것으로 인식하고 "지식을 얻으려면 공부하고 지혜를 얻으려면 관찰하라"는 뜻에 부합되게 온고지신(溫故知新:옛것을 익혀야 새것을 앎)을 교훈으로 겸손하게 학습해야지 기기 안에 있는 것을 자기 머리에 있는 것으로 알고 오만하거나 교만하면 그 자체가 지적이지 않다는 사실이다.

경륜과 연륜에서 얻어진 지식보다 지혜는 특히 "책이나 인터넷 속에 담을 수 없어서 전수할 수 없는 것도 있다"는 사실에서 "소통만으로 습득할 수 있는 것도 있다"는 사실을 알아야 한다.
학식과 학술은 캠퍼스에서 배우고 익히면 될 것이나 경륜에 의한 학습력은 반드시 밥그릇을 비워야만 알고 익힐 수 있어서 인터넷 스마트폰에서 찾을 수 없는 것을 선배로부터 전수 받으려는 것은 인생을 가불 받아 살 수 있기에 현명한 것이다.

사람의 멋이란, 인생의 맛이란 깨닫지 않고는 느낌을 가질 수 없기에 창발적 학습력의 깨달음으로 멋있고 맛있게 지적 능력으로 살아야 물적 재산도 가치 있고 값지게 된다.
그래서 소크라테스가 "경험보다 소중한 스승은 없다"고 했을 것이다.

오랜 세월 살면서 경륜으로 터득한 지적 재산을 꼰대 것으로 치부하고 무조건 신세대의 지식이나 상식만을 우선시하는 현상에는 온고지신(溫故知新:옛것을 익히고 그것을 미루어 새것을 앎)이라고 지난날의 현상을 알고 새로운 지식과 상식을 접목해야 선진적 삶이 되는 것인데 그러지 않으면 자업자득(自業自得:자기가 저지른 일의 결과를 자기가 받음)으로 자초하는 것이라는 사실이고 이러한 오만과 교만으로 자만하는 마음의 근본에는 인간성이 배제된 현상이라서 당랑규선(螳螂窺蟬:사마귀가 매미를 잡으려고 엿본다는 말로, 눈앞의 이익에 어두워 뒤에 따를 걱정거리를 생각하지 않는다는 뜻) 될 것이라는 사실이다.

그래서 인간성을 근본으로 하는 지적 재산에 지혜와 혜안으로 현명하게 살아야지 물적 재산을 효율적이고 효과적으로 보람있게 향유 할 수 있어 행복으로 귀결된다는 사실이다.

사람이 삶을 다할 때까지 열심히 배우고 터득하는 학습력이 뛰어나도 "보이는 만큼 아는 것"이라고 "보이지 않는 것이 많아서 손해 보고 실수하며 살아가는 경우가 수십 배로 더 많을 것"이라는 겸손이 있어야 학습력을 게을리하지 않고 선의의 경쟁력으로 생산성을 높이려고 노력하여 시너지 많게 살 것이라는 말이다.

이 모든 학습력도 시비지심(是非之心:옳고 그름을 가릴 줄 아는 마음)으로 옳고 그름이 최우선이고 다음으로 유불리라는 지적 가치가 물적 가치를 높이는 것이란 말을 견물생심(見物生心:물건을 보면 그것을 가지고 싶은 욕심이 생긴다)에는 견득사의(見得思義:얻을 것이 생기면 옳

은지를 생각해 보라)가 먼저여야 만이 "고귀한 가치가 된다"는 말로
할 수 있다.

즉, 유불리보다 옳고 그름이 먼저여야 진정한 유불리가 된다
는 말이다.

현 사회는 분노와 분열의 시대라는 것을 실감하고 있다.

어용 지식인이 선도하는 정치판을 쉽게 목도 할 수 있어 그렇
기도 하지만 교육 현장도 어용 교육자가 득세하는 현실이라 "백
년대계 교육이 바르게 되지를 못하고 있어 그렇다"는 현실이다.

필자의 학창 시절에는 학문보다 인성교육을 더 중요시하는
교육을 받았으나 요즈음 교육 현장은 성적을 우선시하는 환경
으로 변한 현상에는 "교사들이 이기적으로 변하는 것을 학부형
들의 왜곡된 자식 사랑에서 비롯되고 있다"는 자성이 필요하다
고 본다.

필자의 유소년 시절에 부모님은 "자식이 남과 다투면 내 자식
탓으로" 인정하는 덕목으로 자식의 인성교육을 간접적으로 하
는 문화가 있었으나 요즈음은 무조건 "남의 자식 탓"하는 현상
이라 분노의 인성교육을 하고 있음을 학부형들이 성찰해야 된
다는 말이다.

"내 자식이 제일 귀하다"는 인간의 본능으로 보면 이해되기도
하기에 무조건 탓할 수만 없겠으나 "물고기 잡아주지 말고 잡는

방법을 가르쳐야 한다"는 참교육을 덕목으로 보면 무엇이 옳고 바른 것인지 생각하여 분노의 근성이 되지 않도록 하는 교육이 제일 중요하다.

필자가 청소년 시절에도 친구와 말다툼하다가, 모르는 어른이라도 "이 녀석들!" 하면 "죄송합니다" 하고 줄행랑쳤으나 요즈음 청소년은 "왜 참견이냐?" 하며 대들어서 모르는척하려는 사회가 됐다.

왜 그럴까?

학교와 가정에서도 "인성교육을 등한시하며 시험 잘 보는 기술자에 물질 만능으로 돈에 우선하는 교육으로 야만적 탐욕에 매몰돼 있어서 그렇다"고 극단적 표현을 하고 싶다.

우리 세대는 "선생님의 그림자도 밟으면 안 된다"고 부모로부터 배웠기에 무조건 존중하고 존경하는 문화가 있었으나 요즈음 학부형들은 "교육자가 무시 받을 짓 하는 사람도 있겠으나 무조건 무시하는 풍토"가 있어서 자기 자식에 이기적 사랑만이 우선하여 학생들이 "선생님"이란 존칭어를 일반 명사로만 보도록 하는 경향이 심화되고 있어 그렇고 교사들은 "선생님이란 사명감보다 직업의식으로만 생각하는 경향이 많아서" 그렇기에 "학생들에 이타적 사랑으로 교직이 아니라 '선생님'이란 소명의식과 사명감"을 주문하고 싶다.

필자는 국민학교(초등학교) 6학년 때 담임이셨던 양영환 선생님을 수많은 은사님들 중에 제일 존경하기에 지금도 연중 1, 2회 절친들과 함께 찾아뵙고 나 스스로 인성을 키우고 터득하고 귀감을 얻고 받고 있다.

연세가 필자보다 13년 많으신데 교장직으로 퇴임하시고 고향에서 개신교 장로로서 신앙생활 하시며 졸수(卒壽)라는 90세가 목전이신데도 농사일로 건강을 지키시며 21명의 자식과 손자들이 교육자와 사업가와 명문대에서 수학하여 학위 취득하는 등 다복하게 사시며 수신제가 치국평천하(修身齊家 治國平天下·몸이 닦여진 후에 집안이 가지런해지고 그 후에 나라가 다스려지고 그다음에 천하가 화평해진다)를 답습하며 터득하고 있다.

선생님께서는 제자인 필자에게 하대하거나 반말을 하지 않고 경어와 높임말을 쓰시려기에 "말씀을 편하게 하셔라" 하였더니 "같이 늙어가며 70세가 넘은 제자에게 그럴 수 없다"는 말씀에서 참교육자의 인격을 느끼며 내 마음에 존경심이 커지고 자부심까지 갖도록 하는 인격에 감동까지 선물하시는 분이다.

관습법적으로 나이 많음을 계급으로 생각하는 경향이 많은 사회적 문화가 있는 현실에서 스승이란 위치에서도 그러한 마음과 생각을 하시는 것에서 내 사회생활의 기준과 규범을 갖게 하셨기에 귀감의 학습으로 하는 말이다.

다시 말하자면 "노릇(상관적 권위, 행세, 받으려 함) 하려 하지 않고

답게(신분에 의한 품격과 겸손, 양보, 책임감, 의무감) 살아야 대우받고 존중 받는다"는 것이다.

 필자의 어린 시절에는 부모님과 가족 모두가 같이 밥 먹으며 부모로부터 윤리, 도덕, 예절에 대한 가르침을 듣는 것이 습관화되어 인성교육 받을 기회가 많았기에 "밥상머리 교육"이란 말이 회자 되고 있으나 요즈음은 그럴 수 없는 사회적 환경으로 인성교육 받을 기회가 부족하여 물질 만능의 동물적 탐욕이 최고인 줄 아는 세상이 되고 있다는 회의감이 든다.
 심지어 글로벌경제 10대 강국 된 나라의 세상사 격세지감(隔世之感:진보와 변화를 많이 겪어서 다른 세상과 같은 느낌)보다 인생사 격세지감이 더 크기에 비관스럽게 한탄을 한다.
 유소년 시절을 반추해보면 6·25 한국전쟁을 겪으며 먹을 것이 없어 죽도 못 먹고 굶기도 하던 시절에도 이웃에 나눔과 배려심이 많아서 남의 것을 "서리한다"는 말로 훔쳐먹어도 모르는척하는 인심이 미덕이고 감나무에서 감을 따더라도 까치밥을 남기고 따던 국민성이었으며 처음 만나는 사람에게도 신뢰감을 보이며 친절히 대하는 것이 미덕이고 당연시하는 문화라서 "밥상머리에 인심이 있다"는 말도 있었는데 요즈음 사회는 처음 보는 사람을 먼저 불신하고 믿지 않고 경계심을 보이는 환경으로 극변하고 있는 것을 당연시하고 현실적으로 인식하고 받아들이는 사회 환경에는 분노와 분열이 내재 돼 있다는 사실이다.

근자에 인생사 격세지감을 극도로 느끼고 있는 근본에는 지도자급이라는 정치인들의 이분법적 편 가름으로 적대시하며 분노와 분열로 국격과 국력을 추락시키고 있다는 사회적 환경이 원인이라 할 수 있다.

어용 지식인이 위선적으로 탐욕하며 물적 재산에만 몰입하는 현상을 분별력 없이 말의 성찬에 현혹되어 표상으로 삼는 경향이 심화되어 사회가 점점 분노와 분열로 쇠락하고 퇴보하여도 심각성을 모르는 것이 안타까워 "행동하는 양심"으로 글을 쓰기로 한 이유도 있다.

분노는 분노를 낳기에 분열이 심하여 불협화음으로 불행만이 쌓이기에 "보람 있는 삶이 진정한 행복"이라는 것을 스스로 터득하려면 "독서"를 취미로 삼아 철학을 얻고 성찰하는 사색을 많이 하기를 권유한다.

필자가 70 평생 살면서 격물치지(格物致知:사물의 이치를 구명하여 자기의 지식을 확고하게 함)로 터득한 것인데 "머리 좋고 똑똑한 사람에게서 배울 것은 있어도 믿고 신뢰하거나 좋아할 이유는 없다"는 사실을 말하고자 한다.

머리 좋고 똑똑함은 온전히 그 사람의 것이지 나의 것이 아니라는 사실에서 내 삶에 도움 되지 않고 피해 보는 사건이 생길 수 있더라는 사실이 요즈음 사회에는 비일비재(非一非再)하다는 것을 어용 정치인에서 목도하여 반면교사할 수 있다.

물론 그 사람의 인격이나 성품에 의한 상대적 관계에서 유불리가 생길 수 있으나 "자신의 상대적 열등에서 손해와 피해가 발생할 수 있다"는 것이고 경계심을 갖게 되고 가져야 만이 현명한 것인데 보편적으로 스펙 좋고 똑똑하면 무조건 신뢰하고 심지어 맹신하는 것은 사대사상으로 영혼 없는 짓으로 알아야 자존심 지키며 자아 사랑이 된다는 말이다. (염치 모르는 달변가 정치인의 팬덤도 같은 증상이다.)

흔한 표현으로 "사기꾼이 자신보다는 달변가라서 언행을 믿고 속아서 사기당한다"는 말이 되겠다.

필자가 사업 초기에 많은 돈을 친구로부터 피해 보고 사업로드맵 바꾸면서 터득한 격물치지라서 가슴 깊이 간직한 철학이다.

그래서 인간관계는 똑똑함과 잘남이 아니고 "진실되고 솔직하여 신뢰와 인간성을 중요시하는 인성과 품성을 소유한 인격자의 지적 재산이 나에게는 물적 재산을 이루는 데 도움 된다"는 사실을 인식하는 것이 인생사에서 참으로 중요한 가치다.

누구나 알 수 있는 상식이기도 하지만 쉽게 간과하는 경향이 많기에 강조하는 것이다.

필자의 표현대로 말하자면 "사업에서나 지인 관계에서 지적 재산이 먼저여야 물적 재산이 적토성산(積土成山:작거나 적은 것도 쌓이면 크게 되거나 많아짐)을 이룬다"는 것이다.

또한 정치권에서 목도되고 있는 것 중에 행정부 장관급을 선택하는데, 지명된 사람의 청문회를 보면 "유능하여 실력 있고 탁월하여도 도덕성 검토에서 낙마하는 것"을 보면서 지적 재산이 완벽하지 못하면 어떠한 물적 재산(권력도 물적 재산으로 보는 이유)도 이룰 수 없다는 사실을 알 수 있다는 것이다.

공자왈(孔子曰) "모르는 것이 잘못이 아니고 배우려 하지 않는 것이 잘못이다"라 했다. 이 말을 유추해보면 인간은 무(無)에서 유(有)를 만들어 가고, 아무것도 모르고 태어나서 인생 여정으로 배우고 터득하여 지적 재산을 축적하는 과정에서 배우지 않으려는 것은 인생을 포기하는 것과 같기에 모르는 것은 당연시하고 아는 것에 자만하지 말고 꾸준히 배우려는 자세가 인생을 보람 있고 귀감되게 살 것이라는 사실에서 학습력을 키워야 한다.

그리고 누구나 알고 있는 상식이나 지식보다 모르는 것이 수백 배, 수천 배로 많을 수밖에 없는 인류 사회의 이치에서 "내가 아는 것을 상대가 모른다고 무식하다"고 단정하는 것이 얼마나 오만하고 교만한 것인지 알고 항상 겸손한 것이 인격으로 알아야 지적 재산이 돋보이게 되고 물적 재산이 극대화된다.

지식을 얻으려면 공부하고 지혜를 얻으려면 관찰하여 창발적으로 학습하여야 세상을 선도하고 지배까지 할 수 있다는 데서 독서를 취미로 하면 뇌도 똑똑해진다는 사실이다.

뇌 과학자 김구태 교수에 의하면 "뇌는 독서 할수록 저장된 배경지식이 재 활성화되어 업데이트되는 과정에서 지식 체계는 더 정교해지고 조직화 되고 더 유연해지고 더 창발적인 속성을 지니게 된다" 하였으니 독서의 생활화와 취미로 살기를 권장한다.

아마도 "독서하면 치매 예방에도 도움 되지 않을까?" 한다.

인생이란 여정 속에서 어떠한 일이라도 실행 전에 개념을 정리하고 자신만의 목적의식과 효율성 있는 성과를 추구하여야지 남이 하는 대로 부화뇌동(附和雷同:자기 생각 없이 남의 의견에 동조함) 하며 따라 하는 것은 개념 없고 영혼 없는 것이라서, 창의성과 창발적 학습력도 개념있게 선도하는 리더자가 돼야 환경을 지배할 수 있다.

지적 재산이 물적 재산을 형성한다

3.
철학 있는 삶이
지적 재산이다

일평생을 살면서 누구나 나름대로 많은 생각으로 삶의 기준과 원칙이나 철칙이 있을 것인데 삶의 가치성을 높이려면 목표지향적 "삶의철학"이 있어야 "동기부여가 되어 보람 있는 여생이 된다"는 확신과 보편적 일상에서도 수많은 변화 과정에서 순간의 선택이 짧게는 그날의 일과나 한 가지 일에 결과가 되고 길게는 인생의 운명이 좌우될 수도 있기에 "생활철학과 인생철학"이 있어야 실수나 실패로 후회가 없거나 최소화되고 삶의 가치에 부합되는 효율성이 높아져서 귀감의 운명이 된다는 것이다.

그러한 이유로 필자의 인생철학으로 첫 번째가 무신불립(無信不立)인데 좌우명(座右銘:늘 앉은자리 옆에 갖추어 두고 가르침으로 삼는 말이나 문구)으로도 삼고 인생 가치의 지표로 가슴에 담고 있다.

무신불립이란 "믿음이 없으면 일어설 수 없다"는 뜻이라서 "신뢰(信賴)를 얻고 쌓는 방법이 세상을 보람되게 살 수 있다"는 자아의식이 제일 중요하다는 사실이라서 "한 말에 책임지려 하고 약속을 지켜야 한다"는 강박관념(强迫觀念)을 갖고 완벽주의적으로 살려 하니 남에게 피해 주지 않고 부담 주지 않으려 하며 도리를 지켜서 자존감을 높이려 하며 신용을 얻으려 하는 이유에는 "신뢰란 믿을 신(信)에 의뢰할 뢰(賴)로 자신의 언행으로 만들고 얻어지는 것"이라는 사실에서 하는 말이며 "신뢰받아야 세상사에서 경쟁력이 키워지고 생산성이 높아져서 효율성 있게 살 수 있다"는 것이다.

즉, 일생을 펼쳐가며 "인간의 근본과 기본에는 신뢰를 얻어야 만이 가치 있고 값이 되게 삶을 영위할 수 있다"는 것이 지적 재산 지향적이라는 말이며 "필자가 살아온 삶의 과정에서 많이 부족함을 알기에 그렇게 살려 하고 있다"는 함의적 말이기도 하다.

우리 사회에 습관적으로 의식 없는 인사말로 "소주 한잔 합시다, 커피 한잔 합시다, 밥 한번 살게요" 선제적 약속을 하고는 연락도 안 하는 경우가 비일비재(非一非再:하나둘도 아니고 수두룩함)한 것에는 문제가 많다는 것이다.

사 줄 의향도 없이 의례적 인사말이라며 의식 없이 가볍게 취급하는 말이라도 상대는 기억하고 "연락 오겠지" 하는 약속으로 생각할 수 있기에 연락도 안 하면 불신하는 것이 당연한 것이다.

다른 말로 더 좋은 인사말도 있는데 약속 같은 말을 하여 스스로 불신을 자초하여 신뢰 잃는 것에 자승자박하는 바보짓은 않아야 한다.

그리하여 필자는 "한 말에 책임져야 한다"는 생각에 "그런 말을 절대로 하지 않고, 했다면 꼭 연락한다"는 원칙을 갖고 신뢰를 잃지 않으려 하고 있다.

이러한 사례에서 봐도 "신뢰성은 자신이 만들어 쌓고 얻는 것"이라는 사실에서 무신불립의 중요성을 알 수 있다.

그러함에서 필자는 어떠한 사항이라도 고의로 거짓말하고 억지 쓰면서 속이려 하는 사람은 "사기꾼 기질"로 보면서 어떠한 잘못보다도 나쁜 짓으로 간주하고 두 번 다시 신뢰하지 않는다. 두 번 속지 않는 것이 현명한 자기 보호다.

두 번째 인생철학으로 성의정심(誠意正心)으로 한 이유로는 "꿈과 뜻을 정성스럽게 품고 마음을 바르게 가져야 한다"는 뜻으로 자신의 마음을 바르게 해야 격물치지(格物致知:사물에 이치를 구명하여 자기의 지식을 확고하게 함)가 바르게 되어 삶에 가치가 성취적이고 정의로움으로 귀착된다는 데서 그랬다.

즉, 자신의 심성이 바르지 못하면 모든 것이 "옳고 바르게 되지 않는다"는 것이라서 모든 가치 지향의 근본에는 자신의 옳고 바른 심성이 가장 중요한 것이고 그렇지 못하면 "만사가 허사로 귀착된다"는 것에서 참으로 중요한 덕목이다.

  세 번째 인생철학으로 삼은 불치하문(不恥下問:손아랫사람이나 지위나 학식이 자기만 못한 사람에게도 모르는 것을 묻는 일을 부끄러워하지 아니함)에는 일평생을 살면서 부가가치 많은 삶을 살려고 스펙을 쌓고 직업을 선택하면 산업전선에서 무한의 학습력을 발휘하는 과정에서 모르는 것에 부끄러움을 앞세워 배우려는 것을 기피 하거나 외면하면 경쟁력이 떨어져 뒤처지는 인생이 될 것이나 누구에게나 창발적으로 배우려는 사람은 효율과 효과적 재능을 발휘할 수 있어서 경쟁력이 높아질 것이다.
  아무리 많이 배우고 똑똑하여도 "만물 만사가 공존하는 세상에서 모르는 것이 자신이 알고 있는 것에 수천 배 이상으로 많다"는 사실을 인식하면 "모르는 것이 잘못이 아니고 배우려 하지 않는 것이 더 잘못이다"란 말과 같은 의미의 과이불개(過而不改:잘못하고도 고치지 않는 것)라는 말이 있는데 "살아가면서 실수나 잘못을 타인에 묻고 배워서 창의성 있게 발전적으로 개선하며 살려 하지 않는 것이 제일 잘 못 살고 있다"는 말이기에 알고 배우려는 것을 부끄러워하지 않고 열심히 배워야 지혜롭고 현명

하게 살 수 있으며 노년에 정신 건강도 증진하여 행복을 향유
할 수 있다.

이렇게 필자의 인생철학으로,

첫째: 무신불립(無信不立)

둘째: 성의정심(誠意正心)

셋째: 불치하문(不恥下問)을 가치로 하고 있다.

필자의 일평생 삶에서 상기 세 가지를 인생의 지표인 "인생철
학"으로 삼고 살면서 창의성과 창발적인 학습력으로 선의의 경
쟁력을 높여서 선도적 삶을 살아보았기에 누구나 "나름의 가치
관으로 인생철학이 있어야 한다"는 것이고, 눈을 뜨고 있는 일
상의 시간 동안에는 수많은 업무와 업태에서 상대하는 사람 간
에 교류하는 과정에서 순간의 선택으로 하루의 성과물이 되고
평생의 운명까지 좌우될 수 있기에 선택하는 지혜와 혜안이 중
요한 것이라서 순간의 선택이 매우 중요하기에 실수 없이 하고
자 "생활철학"을 가슴속 깊이 간직하고 뇌리에서 떠나지 않도
록 하여 판단을 효율적이고 효과적으로 하여 원하는 결실을 찾
아야 후회 없는 인생이 되기에 다음과 같은 필자의 생활철학을
논하고자 한다.

첫 번째 생활철학으로는 미래지향(未來指向:앞으로의 삶을 긍정적으

로 기대하는 생각)을 선택한 이유로는 누구나 현재가 제일 중요하지만 인생의 긴 여정에서 미래를 준비하지 않고 현재에 안주하는 단세포로는 노년기의 삶을 보장받지 못할 것이고 급변하는 사회 환경에서 기회를 선점하지 못하기에, 물적 재산뿐 아니라 지적 재산을 준비하는 자세여야 미래가치가 극대화되어 은퇴기 노년의 삶이 행복할 거라는 데서 인생사에서 가장 중요한 안목으로 미래를 준비하여야 자신에도 떳떳하여 당당하고 보람있게 살 거라는 생각이다.

"노년의 행복을 위하여 젊어서 고생은 사서라도 한다" 했듯이 가장 젊은 오늘은 인고의 삶으로 보람되게 미래를 준비하는 사람이 되도록 하여 여생을 행복으로 보상받도록 함이 현명하다는 것이다.

또한 장사하던, 사업을 하던 앞날을 위하여 오늘의 투자적 손실을 감수하는 혜안이 있어야 급변하는 사회 환경의 적자생존에서 승자가 되어 이윤이 극대화되고 연속성이 보장되는 삶 자체가 미래지향적으로 보람이 된다는 것이다.

아마도 요즈음 경영환경과 문화에 ESG(환경, 사회, 투명한 지배구조)를 우선시하는 경향도 오랜 기간 지속 가능 하려는 것과 같은 뜻이 될 듯싶으니 이것을 미래지향적 삶이라 하는 거다.

미래지향이란 철학적 개념이 부족하여 현실 안주형으로 오늘의 즐거움에 만족하고 "미래를 준비하지 않는 사람에는 미래(노년기 행복)가 없다"는 것은 지극히 당연한 것이고, 미래(행복)가 있다면 그것이 도리어 잘못된 것이라는 생각이 든다.

"세상사 공짜로 얻어지는 것은 없다"는 것이 진리이고 살아오며 주변 사람들에서 노년기 현실을 보면서 느끼고 터득한 사실이다. 지적 재산 쌓는 것을 게을리하면 물적 재산도 이룰 수 없어서 불행을 자초하는 결과가 되더라는 말이다.

두 번째 생활철학으로 유비무환(有備無患:준비가 되어 있으면 근심이 없고 우환을 당하지 아니하여 뒷걱정이 없다)을 중요시하는 것에는 "오늘의 즐거움이 내일의 행복이 되기에 오늘의 무사함을 찾으려면 리스크관리를 철저히 하는 선제적 자세가 내일의 물적, 지적 재산 증대가 보장된다"는 사실에서다.

운동하며 건강을 지키려 하던, 창발적으로 학습을 하던, 이 모든 것이 "현재보다 더 낫게 삶을 살려는 것"도 거시적으로 보면 "인생의 유비무환이 된다"는 사실이고 우천을 대비하여 우산을 준비하는 것이나 집에 절도를 막기 위하여 방범 시설을 철저히 하여 피해를 보지 않으려는 "사전 예방이 유비무환"이라는 말이다.

"우환이 도둑"이란 말이 있다.

"긴 병에 효자 없다"는 말에서도 건강을 지켜서 집안이 화목하고 행복 하려면 미래를 예방하기 위하여 운동하고 건강식을 지키고 건강검진을 철저히 하여 "건강한 삶이 경쟁력"으로 인식함에는 유비무환에 부합되며 "호미로 막을 거를 가래로 막는다"와 함의가 될 듯싶다.

공자는 현실적인 평화주의자다.

그러나 "군자는 싸우지 않을지언정 싸우면 반드시 이겨야 하기에(君子有不戰 戰則必勝:군자유불전 전즉필승) 준비하면 걱정이 없다(有備無患:유비무환)"고 말했다. 이 말을 직역하면 "공격적인 전쟁은 하지 않지만, 방어적인 전쟁은 유비무환의 정신으로 준비해야 한다"라는 말에는 "인생사 모든 것이 혜안 있게 준비하고 리스크관리를 하면 만사형통(萬事亨通:모든 일이 뜻대로 잘됨)이 된다"는 말이다.

세 번째 생활철학으로 소탐대실(小貪大失:작고 소소한 것을 탐하다 큰 것을 잃는다)을 가슴에 담고 사는 이유는 "언제나 사소하고 작은 것에 잔 욕심을 부리면 큰 것을 잃게 되어 삶 자체가 허무해져 모든 것을 잃는 결과가 될 수 있다"는 것에서 "대승적으로 살아야 한다"는 말을 하려 한다.

물가 오르면 사람들은 보편적으로 비율이 아니고 단위 금액으로만 대비하는 경향이 있어서 식당에서 소줏값 4,000원짜리가 5,000원으로 오르면 1,000원 오른 것으로 대수롭지 않게 인식하고 밥값 10,000원짜리가 12,000원으로 오르면 2,000원 올랐으니 상대적으로 2,000원이란 단위 금액에 민감하게 항의하더라는 사실인데, 실제는 4,000원이 5,000원 되면 25% 오른 것이고 10,000원이 12,000원 되면 20% 오른 거라서 적게 오른 것인데, 1,000원보다 2,000원이 곱이나 되니 큰 금액에 편향성으로 소줏값 오른 것에 의식 없이 밥값 오른 것에만 민감한 것에는 자신의 오판과 오류로 신뢰성 잃고 현명치 못한 세상사가 되어 바람직하지 못한 불이익이 된다는 말이며 시장경제에서 주식이고 무엇이고 단위 금액보다 비율로 대비하는 현명함이 올바른 경제 논리로 소탐대실하지 않는 결과라는 말이다.

주변에서 있을 생활에서 술 먹고 대리 운전비 아끼려고 음주운전하면 단속으로 범칙금 내거나 사고 내서 치명상 입고 대리 운전비의 수십 배의 피해를 보거나 인생사에 씻을 수 없는 운명이 될 수 있다는 것으로 사소하고 적은 것에 탐욕하지 않는 것이 현명한 삶이 된다는 사실이다.

인생사에서 관계의 미학을 아름답게 하려면 일상에서 진심의 마음으로 사소한 생각 버리고, 계산되어 조건부스러운 10만 원짜리 선물보다 조건이나 바람 없는 선물 1만 원짜리를 더 고마워 할 줄 알아야 아름다운 관계가 이루어진다.

여기에 더하여 갚으려는 "마음에 사랑을 더한 선물을 하는 것"에 보람으로 행복을 느끼면 윤리 방정식(사용한 돈보다 배가 되는 마음에 선물)이 된다.

사람 간에 교류하면서 매사를 돈의 크기로만 기준 하여 평가하고 인식하는 것은 인간적이지 않고 지적이지도 않다는 것이다.

요즈음 애완견을 많이 키우는데 "사랑의 교감을 먹잇감으로만 이 인식시키지 다른 방법이 없다"는 것으로 인간과 동물의 차이와 다름을 비교 우위 할 수 있고 인간의 본성을 인식할 수 있다.

이렇게 필자는 생활철학으로 세 가지를
첫 번째: 미래지향(未來指向)
두 번째: 유비무환(有備無患)
세 번째: 소탐대실(小貪大失)을 삼고 있으며 여기에 더하여 삶의 원칙과 철칙을 말하려 한다.

(1) 강자에는 강하게 약자에는 양보와 배려로 관대하게 산다

강자에는 당당하게 비굴하거나 비열하지 않게 정정당당히 승부 욕과 경쟁심으로 살고 약자에는 물이귀기이천인(勿以貴己而賤人:자기를 귀하게 여기어 남을 천하게 여기지 말아야 한다는 뜻)의 마음과 자

　지적 재산이 물적 재산을 형성한다

세로 측은지심(惻隱之心:남의 불행을 불쌍히 여기는 마음)으로 배려와 베풂의 마음과 자세로 살아야 인정받고 존중받는다는 뜻에서다.

강자에 당당하려면 떳떳한 자세로 책임감과 의무감이 강하게 도리를 다하는 사람에만 있을 것이고 비굴하거나 비열하게 도리를 다하지 않는 사람에는 있을 수 없는 모습이라는 것에서 자신의 삶을 보람 되고 능률적으로 살려면 강자와 약자의 차이점을 알아야 한다.

자신이 똑같은 마음으로 강자나 약자나 똑같이 공손하고 겸손하게 인격적으로 대하여도 강자라는 사람들은 하대하며 무시하려는 경향이 있고 자신보다 약자는 고마워하며 감사한 마음으로 받아들이는 경우가 있기에 "물이귀기이천인(勿以貴己而賤人)" 마음을 갖고 약자에는 배려와 베풂으로 겸손히 대하고 강자에는 더 당당하고 떳떳하게 대하여 대우받고 대접받고 존중받는 것이 자신을 품격 있고 품위 있게 만드는 방법이라는 거다.

"책임과 권한은 비례한다"는 말의 이치와 유사하다.

여기에 함의로 말하자면 "책임과 의무로 도리를 다하지 않으면 비굴하고 굴종으로 살아야 하고 그렇지 않게 객기부리며 당당하면 비판과 지탄의 대상으로 멸시나 탄압받는 대상이 된다"는 것이다.

(2) 염치를 아는 양심으로 살아야 지적 재산 된다

염치를 알아야 하는 이유는 "동물과 중에서 유일하게 사람만이 부끄러움을 안다"는 데서 부끄러움 모르면 인면수심(人面獸心: 사람의 얼굴을 하고 있으나 마음은 짐승과 같다)으로 "인간이 아니라는 뜻"이 되기에 수오지심(羞惡之心:자신의 옳지 못함을 부끄러워하고 남의 옳지 못함을 비판하는 마음)을 언제나 삶의 가치로 삼아야 한다.

근래의 정치권에서 어느 정당이 상대 당에 독불장군식으로 독단과 독재적 행위에서 비롯된 내로남불이란 말과 같은 뜻의 아시타비(我是他非)는 몰염치와 파렴치와 위선 등으로 인간으로서 양심 없는 언행으로 자신에 유리함만을 주장하여 "자신에 행위와 남에 행위가 똑같아도 자기만이 옳다"는 것이라서 사회적 공감을 얻을 수 없어 견강부회(牽強附會:이치에 맞지 않는 말을 억지로 끌어붙여 자기에게 유리하게 함) 하며 합리화하여도 결국에는 사필귀정(事必歸正:모든 일은 결국에 가서는 반드시 정리正理로 돌아감)으로 지탄의 대상이 된다는 사실이다.

필자의 양식(樣式)으로 보면 "내로남불보다 더한 몰염치와 불양심이 없기에 인간적이지 않고 비인간적이라서 동물적 범주로 치부해야" 사회가 바르게 되고 선진문화가 형성되어 나라와 국민이 고귀하고 품격있게 살 수 있다.

(3) 세상에 공짜가 없다는 것이 물적 재산 된다

세상사는 땀으로 노력한 대가의 것이 진정한 자신의 것으로 보상받지만 노력하지도 않았는데 무상으로 얻어진 것은, 최소한 마음에 빚이 되거나 도리어 손실이나 피해의 결과가 될 수도 있다는 사실이다.

남의 것은 공짜라며 얻어먹는 것을 좋아하며 갚지 않는 것은 "자존심도 없고 자신의 신뢰감도 버림받는다"는 것으로 인식하지 않으면 불신의 대상이 되기에 소탐대실의 결과가 된다는 것이다.

보편적으로 한 번은 양보하고 속기도 하지만 두 번은 양보하거나 속지 않으려는 것이 인지상정(人之常情:사람이면 누구나 가지는 보통의 인정 또는 생각)이라서 하는 말이다.

사람은 누구나 자기 위해 산다. 단지 자기 위하는 방법이 "물(物:도리, 베풂)과 심(心:배려, 윤리, 도덕, 예의를 지키는 것)을 주는 보람으로 이타적 행복감을 갖느냐"와 "이기적으로 받는 것(도리, 베풀지 않고, 윤리, 도덕, 예의 지키지 않는 것)만을 기뻐하고 좋아하느냐"의 차이로 "인격과 품격이 차별된다"는 사실에서 "존중의 대상이냐"와 "멸시의 대상이냐"로 구분된다는 것으로 자기 위하는 방법이 다르다는 말이다.

또한, 한 번 속는 것은 속이는 사람이 잘못하는 것이나 두 번 속는 것은 속은 사람이 잘못이란 말도 있다.

그리하여 필자는 평생을 누구에게 "밥 사라, 술 사라, 커피 사라는 말을 절대로 하지 않는다"는 원칙을 지키며 자존심 없는 짓을 안 하고 살았으며, 누가 "사 준다" 하면 사양하거나 낮은 것으로 사라고 하는 철칙을 지키며 자존감을 높이고 있다.

즉, 사양지심(辭讓之心:겸손히 마다하며 받지 않거나 남에게 양보하는 마음)을 가슴에 담고 살아가며 신뢰 쌓기를 중요시하고 있다.

필자는 누구에 대접하거나 선물했는데 답례가 없으면 내 원칙에 의한 불신을 하는 것은 인지상정이지만 측은지심으로 대하고 있기에 "받은 것에는 꼭 답례한다"는 원칙을 가지고 손아래 일가친척이라도 "당연시하지 않고 상응하는 답례를 꼭 하겠다"는 마음을 가지고 있다.

이러지 않으면 자존심 없는 행위로서 인격을 존중받지 못하여 무시 받는다.

이것이 "어른으로 인정받는 방법이고 자존감 향상에 도움 된다"고 보며 어른답게 사는 것이라 본다.

선후배 간에도 선배 대우받으려면 먼저 "선배답게 품위와 품행을 지키고 나잇값 하려는 언행을 하여야 한다"는 사실이고 선배라는 이유로 선배 대우받으려고만 하면 인정받지 못하고 외면받을 거라는 사실에서 배려하고 베풀고 예의도 지켜주면 후배는 더하여 선배 대우하더라는 사실이다.

지적 재산이 물적 재산을 형성한다

선배라는 이유로 "받아먹고 갚지 않으면 스스로 거지 취급받겠다"는 자업자득이 된다는 말이다.

"세상사에 공짜가 없다"는 철학은 "자기 위함으로 귀착된다"는 사실이다.

⑷ 유불리도 옳고 그름이 먼저라야 지적 재산 된다

요즈음 세상사에 회의감을 많이 받고 있음에서 하고자 하는 말에는 "물질 만능을 넘어 물질이 전부인 양 인간의 가치도 체면도 모르는 몰염치 세상" 같아서 안타까움이 많다는 거다.

누구나 자신을 위하여 가정을 갖고 가족과 함께 집단지성으로 지혜롭고 현명하게 살아가는 데는 옳고 그름이 먼저여야 이루고자 하는 목적이 원만하고 순조롭게 될 것이나 생활의 기준이 옳고 그름보다 유불리가 먼저로 착각하고 오판하는 사람이 많아지고 있어서 포악하고 폭력적인 사회 현상으로 급변하고 있다는 생각에서 걱정이 많다는 것이 "소시민으로서 오지랖 넓은 생각을 한다"는 것도 알고 있다.

즉, 시비지심(是非之心:옳고 그름을 분별할 줄 아는 마음)이 없어서 탐욕과 비리로 인생을 망치는 사람도 있기에 옳고 그름이 없는 유불리는 세상사가 사필귀정(事必歸正:시비곡직을 가리지 못하여 그릇되더라도 결국에는 반드시 옳은 것으로 돌아감)이라서 옳고 바른 사람에게 유리하게 귀착되는 법이라는 것을 알고 "언제나 옳고 그름을 최우선으로 행하여야 한다"는 말을 하고 싶다.

근래에 정치인들 행태에서 목도 하며 반면교사 할 수 있는 것도, 탐욕이 지나쳐서 위선과 내로남불 하다가 정권 빼앗기고 정치생명 다하고 어용 지식인으로 정치하려다 인생 자체를 망치는 현상에서 삶에 가치를 터득할 수 있다.

"유불리도 옳고 그름이 먼저여야 진정한 유불리가 된다"는 것이 인류의 진리다.

인생사에서 "현재는 유리하여도 언제인가는 불리할 수 있기에 언제나 합리적으로 옳고 바르게 행하여야 최종에서 승자가 되어 행복한 여생이 될 거"라는 사실이다.

여기까지 말한 네 가지 원칙과 철칙은 맹자가 사단(四端)으로 말한 인(仁), 의(義), 예(禮), 지(智)를 요약본으로 말할 수 있다.

인(仁)-측은지심: 남의 불행을 불쌍히 여기는 마음.

의(義)-수오지심: 의롭지 못함을 부끄러워하고 남의 착하지 못함을 미워하고 비판하는 마음.

예(禮)-사양지심: 겸손하여 남에게 사양할 줄 아는 마음.

지(智)-시비지심: 옳고 그름을 판단할 줄 아는 마음.

지적 재산이 물적 재산을 형성한다

상기 사단(四端)을 원칙과 철칙으로 갖고 있었기에 살아오는 과정에서 생활의 활력소가 되어 효과적 지혜와 현명함으로 보람되게 살았다고 자부한다.

⑸ 법을 알아야 능동적으로 살 수 있고 물적 재산이 된다

세상은 아는 만큼 보이기에 법은 가급적 많이 알아야 자신의 직업이나 사회생활에서 피해 주지도 않고 받지도 않으며 효과적으로 실적이나 실력을 발휘할 수 있고 지적 재산을 높일 수 있어 물적 재산 이루는 것에도 극대화될 수 있다.

법이란 사람 간에 살아가는 기준이고 합의된 규범과 규칙이라서 해야 할 원칙과 정해진 철칙을 지켜야 하기에 형법과 민법뿐 아니라 상법, 세법, 부동산법 등 법을 알지 못하여 실수라 하여도 고의로 간주 받게 되기에 제재와 벌칙을 받거나 처벌받아 살아가는데 손해와 피해가 될 수 있고 치명상이 될 수 있다는 사실이다.

일상생활에서 누구나 법을 모르면 쉽게 죄를 지을 수 있는 두 가지 예를 들려 한다.

첫 번째로 길에 떨어져 있는 돈을 누가 안 본다고 주워가면

"점유이탈 횡령죄"가 되는데 법을 몰라서 가져가면 횡령죄로 형사처벌을 받아 전과자가 된다는 것이고, 두 번째로 자기 얼굴에 침 뱉는 줄 모르고 상대에게 모욕주려고 쌍욕을 하면 "모욕죄"로 처벌받을 수 있다는 것이다.

모욕죄는 반의사 불벌죄이고 친고죄라서 상대가 법을 모르면 모르고 넘어갈 수 있으나 불법인 줄 아는 사람이 "모욕을 받았다"고 고소하면 모욕죄로 처벌받을 수 있다는 것이다.

이처럼 법을 모르고 행하는 행위를 법을 모른다고 죗값을 안 받는 것이 아니고 모르고 하는 행위라도 범죄자가 되기에 법을 알아야 보람되게 살 수 있다는 사실이다.

현시대는 분노하며 탐욕적 세상이라서 "탈법과 불법이라도 돈만 벌면 된다"는 무지로 하여 삶이 지속되지 못하고 자승자박하여 당랑규선(螳螂窺蟬:눈앞의 이익에만 눈이 어두워 뒤에서 닥치는 재해를 생각지 못함) 된다는 것을 모르는 바보이면 삶 자체가 허망할 수 있다는 거다.

운전하려면 교통법규 알고 모범 운전하여야 범칙금이나 과태료 내지 않고 원만히 안전 운전할 수 있듯이 법을 알아야 능동적으로 살아갈 수 있다.

세상은 "준법으로 살아야 가장 현명한 결과"라는 것을 알았기에 "남에게 피해와 손해 끼치지 않으려는 데는 나 자신이 부당한 손해와 피해도 받지 않으려 그런다"는 함의이고 자기 보호 본능적이라는 거다.

헌법과 법률뿐 아니라 사회적 규범으로 관행과 관습도 지키려는 것이 자신을 품격과 인격 있게 자존감을 높이려는 거로 알고 "형식이 결과를 만든다"는 철학적 개념을 가져야 한다.

세상사 규범과 규칙을 어기거나 거부하면 삶이 지속가능하지 못하게 되는 것은, 사회적 질서가 무너지면 정신적 가치가 무너지게 되므로 인간의 삶에 의미를 상실하게 되기 때문이다.

예의를 지키고 윤리와 도덕을 지키는 것이 단견으로 생각하면 "자기가 손해 보며 상대에게 도움 주는 희생"으로 생각하며 잔머리 굴리며 얌체 짓하면서도 부끄러운 줄 모르고 이기적이고 배타적으로 살려는 사람들이 많아지고 있는 현실을 안타깝게 생각하며 결론에는 자업자득이 된다는 것이다.

규범과 규칙과 예의와 윤리, 도덕을 지키면 인격과 품격이 높아져 상대로부터 인정받아 자신에게 돌아오는 가심비(價心比)가 되어 신뢰성을 쌓게 되면 소득과 이득으로 돌아올 것이고 가신비(價信比)로 귀착되기에 자기 자신을 지키는 "신뢰를 쌓아" 자신의 자존감이 높아지는 것으로 지적 재산이 쌓인다.

예의는 아랫사람이 윗사람에만 지키는 관행과 관습으로 오해하거나 착각하는 경향이 있으나 "예의란 상대를 인격적으로 존중해 주는 에티켓"이라서 서로가 상대적으로 지켜야 되기에 상하 간에도 서로가 예의를 지키는 것은 "사회적 규범과 규칙을 지키는 관습법"으로 알아야 자존감이 높아진다.

즉, 이타적 사랑과 배려와 베푸는 것이 역설적으로 이기적 사랑이며, 조상을 섬기는 형식과 종교 생활도 같은 이유에서 자기 위하는 행위라는 것을 알고 관습법적으로 귀감 되는 삶을 살려 해야 된다고 본다.

여기에 더하여 한국적 관습에 장유유서(長幼有序:어른과 어린이 사이에 순서와 질서가 있음) 문화가 강하여 지켜야 하지만, 나이가 많다는 이유만으로 나이 적은 사람에게 나이가 계급이나 강점으로 알고 하대하고 반말하는 것은 자신의 인격이나 품격을 떨어뜨리는 것으로 알아야 지적 재산이 되어 선배나 어른으로 존중받는다.

필자는 손해와 피해를 받았을 때에 고의인가 아니면 실수인가로 구분하여 실수에는 관대하게 이해와 양보로 대하며 측은지심(惻隱之心)의 마음을 갖지만, 고의라면 정당방위(正當防衛:자기나 남에게 가하여지는 급박하고 부당한 침해를 막기 위하여 침해자에게 어쩔 수 없이 취하는 가해 행위)를 반드시 하여야 인생사를 바람직하고 보람되

지적 재산이 물적 재산을 형성한다

게 살 수 있다고 보고 적절히 대응하고 부당함에는 철저하게 반응한다.

이러는 것에 동의하거나 공감하지 못하는 사람도 있겠으나 무조건 양보하고 참으며 져주는 것은 무능하고 바보로 취급받고 계속해서 부당하게 손해와 피해를 강요받더라는 사실이다.

우크라이나 전쟁에서 우크라이나의 정당방위 항전(抗戰:적에 대응하여 싸움)에 전 세계가 동조하는 것은 러시아의 부당한 영토 침탈(侵奪)하려는 원인에 있듯이 부당하게 공격받고 양보를 강요하는 것에 착한 마음으로 빼앗기고도 무조건 참고 양보하는 것은 착한 게 아니고 바보 취급받기에 정정당당히 정당방위 하는 것은 자기 보호이고 자존감을 높이는 수단이고 자존심이기도 하다.

이것이 적자생존(適者生存)의 원칙이고 철칙이기도 하다.

고의인지 실수인지를 판단하려면 그 사람의 입(말)이 아니고 발(행동)을 보면 알 수 있다는 거다.

말에는 미사여구(美辭麗句:아름다운 말로 듣기 좋게 꾸민 글귀)와 감언이설(甘言利說:달콤한 말과 이로운 이야기)로 사람을 현혹시킬 수 있으나 행동에는 마음과 머리로 득실을 계산하는 것으로 사실과 진실로 대하는 증표라는 데서 그렇다.

그런 며에서아부하는 사람은 의도가 있을 수 있어서 조심할 필요가 있다.

"거짓은 잠시는 속일 수 있어도 영원히 감출 수 없다"는 것이 인류의 진리라는 데는 이의가 없을 듯하다.

필자의 좌우명이며 인생철학에 제일로 삼은 "무신불립"에도 부응하고 지키려는 수단에서 "진실한 언행으로 신뢰를 쌓으려면 준법정신이 중요하다"는 거다.

법을 많이 아는 것이 지적 재산이라서 삶으로 이루는 것에 많은 도움 되거나 피해와 손실이 적거나 없을 수 있기에 물적 재산을 이루는데 절세하려 해도 세법을 알아야 소득 감소를 않을 수 있다는 데서, 자신이 살아가는 데 필수적인 법은 가급적 많이 알아야 한다.

예를 들어 말하자면, 아파트를 구입하려도 "부동산법을 알아야 부족하거나 적은 돈으로 살 집을 구입할 수 있다"는 것으로 "법을 아는 것이 물적 재산 이루는 지적 재산이라는 사실"이다.

우리 사회에 준법보다 집단 뗏법이 만연해지고 집단 이기주의가 기승을 부리고 강력해지는 현상에 대하여 필자는 걱정하고 있는 사람이다.

규범과 규칙도 나 몰라라 하며 비윤리적으로 무조건 떼쓰면 "무엇인가는 얻을 수 있다"는 비이성적으로 불 양심에서 그런다고 보인다.

국민에는 모범 되고 귀감이 되어 국격과 인격을 높여야 할 정치 직업인들이 탈법과 편법으로 탐욕을 부리고 있으니 보편적인 시민들이 무엇을 보고 배우겠느냐 하는 생각에서 그러한 정치인들을 경멸하고 싶다.

그러는 사람은 결국에는 아름다운 인생이 되지 못할 것이라서 훗날에는 후회할 것이 자명하다고 보는 이유는 반세기 넘는 정치 현실을 목도 한 사람으로서 그렇게 정치한 사람들은 대성하지 못하고 단명하더라는 것이다.

그래서 모든 인생사에는 준법적으로 남에게 피해 주지 않으려 하며 집단지성으로 집사광익(集思廣益:여러 사람의 지혜를 모으면 더 큰 이익을 얻는다)을 하는 것이 보람으로 물적 재산을 이룰 수 있다는 거다. (부언으로:정치인들 행태를 예로 드는 것에는 모든 독자가 쉽게 이해할 것으로 보기 때문)

⑹ 답게 살아야 품격과 인격으로 지적 재산 된다

사람에는 누구나 신분에 따라서 호칭과 명칭이 있다.

그래서 신분에 따른 호칭과 명칭에 맞게 가치와 값을 다하려는 자세가 "자신의 품격과 인격을 높이는 것으로 자존감이 향상되어 대우받고 존중받는다"는 사실을 명심할 필요가 있다.

논어에 "군군신신부부자자(君君臣臣父父子子:임금 은 임금답게, 신하는 신하답게, 아버지는 아버지답게, 아들은 아들답게)"라는 말과 같이 각자의 신분과 명칭에 맞는 언행과 품위와 품행을 지키도록 하는 것이 책임과 의무를 다하는 거라는 말이 된다.

부모가 살아가는 과정에서 학습으로 터득한 격물치지(格物致知)를 자식이 전수 받아 삶에서 보람되게 살려는 사명감과 소명 의식을 보이면 부모는 보람으로 느끼며 부자유친(父子有親:부모는 자식에게 인자하고 자녀는 부모에게 존경하고 섬겨야 한다)을 가치로 볼 것인데 필자의 연배에서는 손주들은 자식의 자식이라서 자식 사랑하는 본능(선천적으로 하게 되는 동작으로 아기가 젖을 빤다든지 병아리가 알을 깨고 나오는 행동 따위)으로 사랑을 표현하는 것에 아들과 며느리가 무한 감사할 일이지만 혹시라도 부정적으로 본다면 부자유친(父子有親)의 본질을 부정하고 왜곡되게 하는 거라서 불효자가 되는 것이다.

그래서 부모답게 하려면 권리만 주장하고 강요할 것이 아니고 "지식은 공부하고 지혜는 관찰하여 학습하라"는 말과 같이 학습을 게을리하지 않고 새로운 지식은 자녀한테라도 배우려 하는 열린 마음으로 불치하문(不恥下問)의 자세를 가져야 한다.

필자 부친의 말 중에 "길이 아니면 가지 말라"는 가르침에 충실하였다. 그리하여 사행성 오락인 카지노와 경마장이나 경륜장 등에 발길을 두지 않고 복권 구입 등 "정부에서 허가받은 도박장에도 가질 않는다"는 철칙으로 사교춤이나 카드놀이 같은 도박성 놀이는 사전에 배우지 않은 이유가 "호기심으로 배우고 나면 쾌락에 취하여 빠져나오기 쉽지 않다"는 사실에서였다.

중·고교 시절에도 친구들이 술과 담배를 먹고 피워도 함께 하질 않았기에 "학생답게 살려 했다"는 자부심이 있다. 담배는 군대 생활하고 사회생활 하면서도 안 피우다가 사업하면서 스트레스로 약 6년간 피우다 끊는 과정에서 인내심을 시험하며 "못 끊으면 자존심 상할 것 같아 나 자신에 자존심 내세워서 끊었다"는 것에서 길이 아닌 곳에 들어가면 인생사에 치명상 된다는 사실을 터득하였다.

그리하여 일시적 쾌락이나 환각에 빠질 수 있는 놀이나 탐욕적 투기는 정부에서 허가받은 곳이라도 "접근조차 안 하고 살려는 것이 지혜롭고 현명한 인생사가 된다"는 사실을 분명하게 말할 수 있다.

노동의 땀이 없는 탐욕으로 하루아침에 벼락부자 되려는 것은 "소탐대실을 넘어 당랑규선 되어 삶에 의미를 잃는다"는 거다.

보편적으로 군인은 군복 입어야 멋있고, 학생은 학생복 입고 학생다울 때 멋있고, 운동선수는 운동복 입고 운동할 때 가장 멋있고, 수영장에서는 수영복 입어야 멋있기도 하지만 다른 옷 입고는 수영을 할 수가 없다는 사실이고 등산복은 등산할 때 만

입어야 하는데 평상복으로 입고 다니거나 경조사에도 입고 다니는 거는 자신의 자존감 상실과 상대에는 인격을 무시하는 결례를 범하는 것인데 의식하지 못하는 상태를 무수히 목격하고 있어 너무나 안타까운 현실이다.

언제나 때와 장소에 맞는 용모와 복장은 자신의 자존감 높이는 행위이고 상대를 존중하는 예의라서 참으로 중요한 덕목으로 지적 재산에 필수라는 말이다.

노파심으로 덧붙이고 싶은 것은 "장소에 따라서 명품의 고가 옷은 도리어 상대에 욕되거나 흉이 될 수 있다"는 사실을 알아야 한다.

이러한 모든 것에는 관심을 가지고 관찰하여 학습으로 터득하는 지혜가 인격을 높여 지적 재산이 된다는 말이다.

참고로 나라마다 관행과 관습이 다른데 선진국 문화를 사대주의와 사대사상으로 우리 문화와 혼동하면 적절치 못한 결과가 된다.

필자가 30세 때에 사우디아라비아 알루카이 지역에 건축 현장 부소장으로 파견 갔을 때 초등학생이 부모 앞에서 담배 피우는 것을 보고서 "싸가지 없다" 했더니 "그 나라에서는 상관없다"는 사실에서 우리나라만의 기준이 전부가 아니구나 했었다.

구체적으로 예를 들면, 어느 나라고 앉는 좌석에는 상하 자리가 있는데 위치는 다르다는 것에서 사전에 알아보고 예의를 지켜야만 한다는 것이고 무시하면 흉이 된다는 말이기에 언행뿐만 아니고 때와 장소에 맞는 용모와 복장으로 주어진 책무를 다하고 예의를 지키고 도리를 다하여 인정받고 존중받는 인생으로 "답게 살아야 된다"는 것도 때와 장소와 문화에 맞는 기준으로 관행과 관습을 지키려는 것이 자신에는 지적 재산이 되고 부수적으로 따라오는 물적 재산 형성에 도움이 된다.

"인간답게 살겠다"는 사명감이 "인격 높이는 동기부여가 되어 보람으로 행복한 결과가 된다"는 사실이다.

원로 철학자 김형석 교수께서 "행복은 인격의 크기만큼 온다"고 했는데, 필자의 표현으로 하면 "물적 재산(재물, 돈, 권력)과 행복이 비례하지 않지만 행복이 지적 재산(인격, 지식, 상식)과는 비례한다"는 것이 진리라 본다.

노점 상인에게 물건값 깎지 않으려는 것은 돈이 아니라 인간미라서 품격 있는 행복감이다.

⑺ 세상만사가 과유불급이다

누구나 일상으로 겪고 있는 모든 일에 사소한 욕심이 앞서는 경우가 많을 거라는 데는 인지상정(人之常情:사람이라면 누구나 가지는 보통의 인정 또는 생각)으로 공감할 거라서 논하고자 한다.

　매일 필수 불가결하게 일하고, 먹고, 잠자고, 움직이는 과정에서 돈벌이가 된다거나 몸에 좋다거나 맛있는 음식이라 하면 욕심부리는 경향이 있고 건강 하려면 운동하여야 한다는 말에 욕심부리며 지나치게 하려는 성향이 있어서 도리어 아니함만 못한 결과가 비일비재한 것이 사실이다.

　특히 먹는 것에 잔 욕심이 많아서 몸에 좋다거나 맛있으면 과하게 먹고 병이 나거나 과체중 되는 원인을 만들어 만병의 원인이 되면 체중 감소하려 돈 들이고 시간 빼앗기며 애쓰는 모습을 보고 있노라면 안쓰럽기도 하고 본인은 식탐했던 것을 후회하는 모습에서 과유불급(過猶不及:모든 사물이 정도를 지나치면 미치지 못한 것과 같다)의 중요성을 교훈으로 쉽게 터득할 수 있다.

　음식에 과한 욕심으로 건강에 좋다면 분별없이 먹어서 가치를 잃고 병이 되어 건강을 잃는 것은 소탐대실과 자승자박이란 말로도 부족한 바보천치 짓이라 할 수 있다. 그래서 지나친 것이 모자라는 것만도 못하다는 것이 진리임을 가슴과 머리에 담고 살려는 것이 지혜이고 현명한 삶이 된다는 거다.

　누구나 피할 수 없는 직업과 직장에서 일하면서 건강을 지키고 더 보람되고 바람직한 삶이 되도록 옳고 바른 성의정심(誠意正

心)으로 돈을 벌려는 자세여야 하지 돈에 욕심이 과하여 불법과 탈법으로 돈에만 욕심부리면 독이 되어 인생 자체를 망치게 된다는 사실에서도 과유불급이 된다.

부자라서 여유 있는 사람이 인색하고 도리도 지키지 않으면 흉이 되어 어리석다 할 수 있고, 적게 벌어서 많이 쓰면 가난한 사람이 될 것이라서 바보 같은 사람이 될 것이고, 번 것에 준하여 적절히 쓰는 것이 인색하지 않고 가난하지도 않기에 현명한 사람이 되어 바람직한 삶이 된다는 데서도 과유불급의 중요성을 깊이 인식할 필요가 있다.

건강 하려고 운동하는데 욕심이 지나쳐서 체력에 넘치게 하거나 과도한 운동으로 몸에 부작용이 생겨 아니함만 못한 결과가 되고 잠을 자는 것도 무조건 많이 자려고 하면 건강에 안 좋을 수 있어서 "숙면으로 적절히 자는 것이 좋다"는 사실이다.

필자는 주택에서 살면서 식물에서도 과유불급이란 것을 실사구시(實事求是)로 교훈을 얻었다.

감나무를 키우는데 거름을 안 줬더니 한해는 많이 열리고 한해는 안 열리는 해걸이를 하기에 한 번은 거름을 많이 주었더니 나무만 무성하고 꽃이 피지도 않아서 열매가 열리지 않는 과정이 몇 년씩 되어 거름 안주니만도 못한 손실을 보고는 "식물에도 거름을 적당히 주어야 되더라는 사실"을 보고서 "만물, 만사가 지나치면 부족함보다도 못 하다"는 것을 배웠다.

이렇게 실생활에서 누구나 알고 느낄 수 있는 사례로 보아서도 인생사 모든 행위에는 적당하고 적절한 수준이 중요하기에 "과도한 욕심으로 건강 잃고 돈 잃어 행복을 잃는 일이 없어야" 하고 차라리 "조금 부족한 것이 채우려는 목적의식의 동기부여가 되어 더 행복할 것"이라는 긍정적 생각이 좋을 것으로 본다.

플라톤의 행복론에 의하면 "무엇이고 조금 부족해야 채우기 위해 노력하려는 것이 행복하다" 하였는데 "과유불급의 모든 일에도 정도가 지나치면 부족함만 못 하다"는 것과 같은 함의에서 한 말이 아닐까 싶지만 그렇게 연결될 수 없기에 같은 맥락으로 이해하면 될 듯싶다.

상대적일 수 있으나 "사랑도 과유불급"이더라.

사랑하는 마음은 크면 클수록 좋겠으나 자식과 손주들에는 특히 사랑의 표현이나 방식이 지나치면 왜곡되게 받아들여 이기심만 키우는 결과가 될 수 있다는 것이다.

독자(獨子)로 자란 사람들에서 목도 한 격물치지다. 특히나 물질만능적 사랑을 참사랑으로 알고 하는 과유불급이 문제다.

요즈음 젊은이들은 자식과 친구같이 교감하는 거에 최고의 덕목으로 살려는 것에 이해하지만 일부에서는 부모로서 권위까지 상실하는 과도한 사랑으로 자기 자식의 인간성이 잘못되는

지적 재산이 물적 재산을 형성한다

지 모르는 것에서 "왜곡된 사랑을 과유불급"이라는 것이다.

이렇게 사례로 말한 것 외에도 인생사에는 모든 것이 "지나치면 부족한 것과 같다거나 더 못할 수도 있다"는 데서 적당하고 적절한 수준에서 뛰어넘지 않으려는 지혜와 현명함은 "아는 만큼 보인다"는 진리에 충실하여야 가능할 것으로 생각되기에 공부하고 학습하여 지적 재산을 쌓도록 하면 물적 재산 이루는 데 많은 도움이 되리라 본다.

많이 회자 되는 말 중에 "잘될 때 조심하라"는 것도 과유불급과 같은 의미가 있다고 본다.

일이 잘되면 안일하게 생각하여 무리하거나 중요성을 간과하여 잘못되는 경우가 많기에 매사 신중하고 적절하게 잘 대응하고 준비하여 "초지일관(初志一貫:처음에 세운 뜻을 끝까지 밀고 나감) 해야 잘못되거나 실패가 없다"는 데서 과유불급에 해당되는 말이라 본다.

누구나 견물생심(見物生心)이라고 "어떠한 물질이든 갖고 싶고 먹고 싶은 욕심이 있는 것"에 견득사의(見得思義)로 옳고 그름을 판단하는 지혜가 먼저여야 과욕을 부리지 않는 현명함으로 과유불급에 부합되는 물적 재산을 쌓을 수 있다.

⑻ 건강관리는 값진 투자이고 인생 경쟁력이다

"건강이 제일 중요하다"는 것에는 누구나 공감할 것이라고 보지만 구체적으로 생각하고 건강관리를 실행에 옮기는 것에는 소홀히 하여 "건강을 잃거나 아파봐야 깨닫는 경우가 많다"는 데서 논하려 한다.

건강이라는 것은 정신 건강과 육체 건강으로 구별할 수 있는데 두 종류 모두가 탈 없이 튼튼하여 사회생활에 아무런 문제가 없고 즐거운 삶을 영위할 수 있게 "건강할 때 건강을 잃지 않는 게 먼저"라는 개념이 있어야 사회생활을 경쟁력 있게 살 수 있다.

건강은 "자신에 마음을 다스릴 줄 알아야" 지킬 수 있다는 말이다.

무엇보다 정신 건강은 지적 재산에 해당될 수 있는데 정신 건강이 옳고 바른 사람이 육체 건강도 지키고 관리할 수 있기에 더 중요한 것이 정신 건강이라는 사실이다.

육체 건강은 정신 건강에 의한 의지력과 인내심의 산물이란 사실이다.

건강하게 살려는 의지력은 "사회 생활하며 절실하게 느끼고 터득한 사람만이 정신력으로 규칙적이고 계획적으로 인내심 갖고 노력하는 사람이 가질 수 있는 특권"이라서 정신 건강의 산물이 육체 건강이란 말이다.

예를 들자면 "흡연은 백해무익하다는 것을 누구나 알고 있는 사실인데 끊지 못하는 것은 정신력이 부족하다"는 실증이다.

그래서 상대적으로 더 중요한 정신 건강은 일상생활에서 관리하는 습관이 중요하다는 생각인데, 방법으로는 독서를 생활의 취미로 하는 것이 제일 중요하다는 사실이고 종교 생활로 힘들고 어려운 고비에는 심리적으로 극복할 수 있는 여건을 만들고 문화생활로 연극이나 영화도 즐기면서 음악은 벗 삼고 사색하며 일일삼성(一日三省:하루에 세 번씩 자신의 행동을 반성함)으로 성찰하며 자성(自省)하여 인성을 높여야 육체 건강관리도 가능할 것이다.

육체 건강은 체력관리에서 얻어짐을 터득하여 "의지력과 인내심이 강해야 지속 가능한 체력관리 할 것"이라서 즐기는 취미로 삼고 생활화 하는 지혜가 효과를 극대화할 수 있다.

일상생활에서 걷기를 습관화하고 자전거를 즐겨 타면서 모든 생활 습관이 옳고 바르게 하는 것이 최상의 건강관리가 된다는 사실인데 특별히 강조하고픈 것은 "체력 관리 할 때 상체보다는 하체운동을 곱으로 하는 것"이 중요하더라는 필자의 경험으로 강조한다.

몸의 균형은 하체가 받쳐주기에 상체가 튼튼하여도 하체가 부실하면 활동하는 생활이 불가능하여 만병의 원인이 된다.

생활 습관이라는 것은 먹는 습관, 잠자는 습관, 앉는 습관 등 생활 속에서 바르고 반듯한 습관적 건강관리가 제일 중요하고 헬스장에서 운동하고 등산하고 수영장에서 수영하는 운동보다도 더 중요하다는 사실이다.

많이 회자 되는 말에 "머리는 돈을 주고 살 수 있어도 건강은 돈으로 살 수 없다"는 것에서도 건강은 자신의 의지력과 인내심의 노력으로만이 지키고 얻을 수 있는 땀에 결과물인 것이다.

여기에 특히나 식습관이 중요한 것도 "살기 위해 먹는다"는 원초적 관점에서 본다면 각자의 체질에 맞는 음식을 골고루 적당량으로 입맛보다는 건강식을 우선하는 절제되고 규칙적인 식습관이 좋은 것이지 맛있다는 이유로 과식하는 것은 과유불급이라고 안 먹는 것보다도 못하다는 사실이다.

건강관리도 "운동이나 식습관과 생활 습관 일체가 과유불급"이란 원칙을 지켜야 건강한 삶으로 보람 있는 행복이 가능하다는 거다.

건강은 사회생활을 함에 있어 경쟁력 있게 사는데 근본이라서 관리가 철저해야 하고 보람 있는 행복 지향에서도 가장 중요한 삶의 기본이란 면에서 평생을 살아가는데 건강관리가 값진 투자라서 "어떠한 투자로 돈을 벌려는 것보다도 최우선시하여 일평생을 보람되게 행복하려는 것이 지적 재산으로 알아야 물적 재산을 이룰 수 있어 진정한 행복의 조건과 초석이 된다"는 사실이다. 이러는 것을 신(身:몸신) 테크라 한다.

　덧붙여 강조하고자 하는 말은 동병상련(同病相憐)이란 말로 "같은 입장이 돼 봐야 남의 마음을 이해할 수 있다"는 뜻으로 인용되고 있는데 직역하면 "같은 병을 앓아봐야 건강의 중요성을 알 수 있다"는 말의 의미로 겪고 있는 고통을 보거나 자신이 아파 보고 느끼고서야 체력 관리의 중요성을 깨달을 때는 늦을 수 있으니 유비무환(有備無患)의 자세로 젊어서부터 체력 관리 철저히 하여 일평생이 행복할 수 있기를 권장한다.

　이 모든 것은 살아가는 삶에서 "생각하며 살아야지 생각 없는 삶에는 사는 대로 살아가기에 꿈과 희망을 이룰 수 없다"는 데서 방법으로는 "조용한 곳에 앉아 사색하면 부정적 생각이 많아지고 걸으며(산행이나 산책) 사색하면 긍정적 생각이 많아진다"는 사실을 격물치지(格物致知)로 덧붙여 말하고 싶다는 데는 "정신 건강이 육체 건강을 지배한다"는 사실에서 생각을 많이 하는 일상이 되어 보람 있고 바람직한 삶이 되기를 기원한다.

필자가 바라건데 행복추구권에 안락사법이 입법화됐으면 한다. 평생을 건강하게 살다가 마지막 순간까지 행복한 마음으로 가족들 앞에서 조용히 하직하는 것이 누구나 바람일 것이라 보기 때문이다.

상상해 보면 치매나 중풍이나 치명적 병이 발병하면 평생의 삶이 한순간에 물거품이 되어 본인의 고통과 가족에도 고통이 수반되어 가정이 풍비박산(風飛雹散:산산이 부서져 사방으로 날아가거나 흩어짐) 날 수도 있다는 것에서 "긴 병에 효자 없다"는 말의 의미로 보면 안락사를 선택할 권리를 당사자에게 부여함이 행복추구권에 합리적이라는 생각이 든다.

더 넓게 생각해 보면 노년에 삶이 건강하지 못하면 사회적으로 생산성 없이 비용만 있고 의미 없는 삶이라는 사실이다.

노년에 병치레하면 무엇보다 가족에게는 고통과 비용을 주고 본인에 고통은 삶의 의미보다 몇 배로 인내심이 따르게 될 것이고 사회적 비용에서 국가적으로도 낭비일 뿐이라는 생각에 안락사법이 조속히 입법화되기를 이 책을 통하여 청원하고자 한다.

고귀한 생명을 자신이 여명(餘命)을 선택하는 것보다 고귀한 삶은 없다는 데서 선진화 된 문화라 본다.

지적 재산이 물적 재산을 형성한다

⑼ 뿌리 근성이 윤리 방정식이다

누구나 이 세상에 존재하며 살고 있음에는 "태어나도록 해 준 부모가 있다"는 사실이고 더 앞에는 "조상이 있기에 가능했다"는 사실을 망각하고 자신만이 최고이고 자기 스스로 태어난 줄 알고 고마움이나 감사한 줄 모르고 살기에 이기심과 개인주의가 심하여 자신의 인성을 높이는 일에도 역행하여 인간성 근본까지 부정하는 결과도 있어서 자신의 삶에도 보람 없고 삶의 가치도 없는 극단적 결과가 많아지고 있는 현실을 안타까운 마음에 "뿌리 근성이 각자의 지적 재산 증대가 된다"는 것을 말하고자 한다.

부모에게 감사하고 고마운 줄 모르는 사람이 사회생활을 착하고 바르고 정직하게 살고 있다고 자부심을 갖는 것은 위선(僞善)이고 거짓이고 가식(假飾)이다.

자신이 이 세상에 살 수 있도록 낳고 길러 준 부모가 자신의 가치관과 삶의 방법이 다르다는 이유로 불신하고 외면한다면 "태어난 시대가 다르고 살아온 환경이 다르므로 가치관과 삶의 방법과 사랑하는 방법도 다를 수 있다"는 것을 주관적 판단으로 이해 못하거나 않고 외면하고서 "사회에는 착하고 바르고 정직하게 살고 있다"는 말은 인성에 근본이 없는 본질이라서 위선이고 가식이라는 것이다.

이는 "마음을 담지 않은 효도(孝道)는 효심(孝心)이 아니고 위선이고 가식이라는 것"과 같은 의미다.

효심 없는 효도는 의도하는 목적이 있어서 "효도를 하는 척" 하는 것이라는 말이다.

그러니 "증여하지 않고 상속으로 주는 것이 지혜이고 현명하다"는 것으로 회자 되는 사실이라서 하는 말이다.

뿌리 근성을 가져야 "인성을 바르고 옳게 정의로운 가치 중심으로 성장한다"고 보는 이유에는 "조상을 섬기고 사랑하는 사람은 남을 미워하지 않고 조상을 존경하는 사람은 오만하지 않다"는 것을 만세사표(萬世師表:학식과 덕망이 높아 만세토록 모범이 된다)인 공자(孔子)가 진리로 말한 것에서 필자는 격물치지(格物致知)로 터득하였다.

현재 나 자신이 존재하며 삶을 누리고 있는 자체를 부모님과 조상께 감사한 마음을 가슴에 담으니 "조상을 욕보이지 않으려는 사명감과 책임감이 높아져서 귀감되게 살아야 되겠다"는 소명 의식이 강하여 젊은 날에 과격했던 행동을 반성하고 성찰하며 지적 재산을 높이고자 함이 많아지는 것을 알게 되어 자존감도 높일 수 있었다는 사실에서다.

필자는 이런 면에서 종교가 아닌 유교(儒敎:삼강오륜을 덕목으로 하여 사서삼경을 경전으로 한다)로 총칭되는 공자의 유학 사상의 근본인 부모와 조상을 섬기는 행위가 종교의 신앙심에서 "만인과 만사를 사랑하라"는 뜻과 의미가 같다고 보고 철학적 삶으로 삼고 있다.

 "조상을 섬기고 부모를 사랑하며 존경하는 마음이 자신을 위하는 행위라는 것"을 터득하여 감사함을 알고 기리는 것은 자아사랑의 동기부여가 되어 삶에 진미를 얻을 것이다.

 신앙심으로 자신에 인성과 품성 높이려는 목적과 뿌리 근성이 같다는 말이다.

 필자의 집안은 조부모 때부터 4세손인 내 아들들까지 가톨릭을 종교로 신앙심을 높여가고 있으나 조상을 섬기는 일에도 적극적인 이유가, 위에서 말한 것과 같은 인성교육으로 지적 재산 높이는 것이 종교에서 얻을 수 있는 것 못지않은 가치성 효과가 있기에 그런다는 사실이다.

 "형식이 결과를 만든다" 했듯이 관습적이고 관행으로 하는 제사를 지내면서 "내가 이 세상을 살 수 있게 해 주시어 감사합니다" 하는 마음을 가슴에 담고 정성으로 추모하는 형식을 취하면서 나 자신의 마음을 성찰하며 더 바르게 잘 살려는 의욕과 용기를 높이는 것으로 "나를 위해 한다"는 사실이 자존감을 높이게 되어 행복해진다.

우리 한국적 관습법에는 예의와 도덕과 윤리 의식을 인간의 가치 기준으로 평가하고 있기에 서양이나 타국의 문화를 사대주의적이고 사대사상으로 우선시하며 우리의 전통문화를 무시하는 행위에는 인정받지 못할 것이고 사회생활에서 미움받아 공동체 생활에서 악영향을 받을 것이다.

　"가장 한국적인 것이 가장 세계적이란 자부심으로 살아야 명실공히 선진국 된다"는 사실을 각인해야 능동적으로 살 수 있다.

　단순한 사람들은 예의 지키고 도덕심으로 윤리 의식을 높이는 것이 남을 위한 희생으로만이 생각하여 이기심을 앞세우는 거에는 단순히 눈앞에 이윤만이 욕심부리는 거라서 훗날에 반대급부로 더 큰 손해 되는 것을 모르는 "소탐대실이 된다"는 사실에서 현명한 지혜가 필요할 거라는 말이다.

　즉, 예의와 도덕과 윤리 의식이 높아서 행하는 행위가 남들로부터 인정받으면 자존감이 높아지고 인격을 높게 평가받아서 지적 재산이 되면 물적 재산으로 돌아올 거라는 말이다.

　특히나 연장자라는 이유만으로 "장유유서(長幼有序:어른과 어린이 사이에는 순서와 질서가 있음)를 앞세워 하대하고 반말하는 행위는 절대로 안 된다"는 것을 강조하고 싶다.

　대접받고 대우받으려면 "연장자가 먼저 예의와 도덕심을 보여야 연하 자가 대우하고 존경심까지 유발할 수 있다"는 말이다. 윗물이 맑아야 아랫물도 맑은 법이다.

사람들은 "한 번 속고 한 번은 양보하여도 두 번 속고 두 번은 양보하지 않는 것"이 지혜임을 누구나 알고 있을 거라는 것이 보편적 인지상정(人之常情)이다.

"한 번 속는 것은 속인 사람이 잘못이지만 두 번 속는 것은 속은 사람이 잘못하는 거라는 말"에서도 인식할 수 있다. 두 번씩이나 속은 사람을 "속였다"고 생각하면 오판일 것이다. 속임을 확인했기에 역습하여 더 큰 손해를 보일 것이다. 말이 아닌 행동을 확인하였기에 법적 증거도 된다.

인간은 생각과 마음으로부터 행동이 보이게 돼 있기에 어떠한 생각과 마음을 머리와 가슴에 담고 있느냐가 지적 재산에 의한 물적 재산을 이룰 수 있어 삶에 가치도 좌우될 거라는 사실이다.

그래서 사람에 진심을 알려면 "입(말)이 아니고 발(행동)을 보라고 했다"는 것에서도 머리로 계산하여 나오는 말에는 가식과 미사여구(美辭麗句)와 감언이설(甘言利說)로 하는 말이라서 행동이 따르지 않고 말로만 끝날 것이고 가슴에서 나오는 마음으로 한 말에는 행동으로 따르게 돼 있기에 배려와 베풂과 보답과 도리를 하려는 행동으로 나타나게 돼 있다는 사실이다.

윤리 방정식이란 "베푼 사람은 베푼 만큼 행복감이 있고 받은 사람은 받은 만큼 행복감이 되기에 베푼 금액의 두 배로 행복감이 커진 지적 가치가 되고, 받은 사람은 도리를 지키려 되갚으려 할 것이라서 또다시 두 배 이상으로 행복감이 될 것이고, 주고받은 행복감을 합산하면 네 배의 행복감이 되겠지만 실물 값으로 계산하면 주고받았으니 손해 없는 제로라는 말"이다.

필자보다 일곱 살 적은 생질(조카:누님에 아들)이 며느리 본다며 "결혼식 전에 외삼촌께 인사드려야 한다"고 아들(손주)과 예비 며느리 데리고 왔기에 감사한 마음에 신혼여행에 보태어 쓰라며 봉투를 전하니 많이 고마워하는 것 보았고, 또 한 번은 막내 여동생이 며느리 본다며 아들(생질)과 예비 며느리를 결혼식 전에 내 집에 인사차 보냈기에 같은 방법으로 대우하였던 적이 있었는데 이러는 것이 윤리 방정식이라는 것을 실감하고 터득하였고 "어른 노릇 하지 않고 어른답게 살려는 거"였다.

이러한 삶에 가치를 가족과 조상에 뿌리 근성으로 높이면 윤리 방정식에 의한 행복감이 커지더라는 사실이다.

조상뿐 아니라 가족도 넓은 의미에서 뿌리이기에 가화만사성 (家和萬事成:집안이 화목하면 모든 일이 잘된다)에 바탕을 두고 살아야 형제간에도 우애 있고 정다운 관계로 만사형통(萬事亨通:모든 것이 뜻대로 잘됨)할 수 있어 보람 있는 인생을 만들어 갈 수 있다.

보통은 "성공해야 행복하다"고 말을 하는데 사실은 "행복해야 성공한다"라는 말이 가화만사성으로 인식하지 못하는 경향이 있으나 제2에 인생이라는 은퇴 후 노년기에 무엇인가 하려는 때에는 "가정이 화목하고 행복해야 성공할 수 있다"는 것을 절실히 느낄 수 있는 현실을 주변에서 많이 목격하여 격물치지로 하는 말이다.

분가하여 따로 가정을 이루고 사는 형제간에도 모두가 바르게 잘 살면서 정서도 공감하고 공유할 수 있어야 집사광익(集思廣益) 되어 다 함께 행복할 수 있지, 삶에 격차가 있고 정서가 맞지 않으면 갈등과 불협화음이 생겨 불행을 자초하는 현상을 많이 보고 있다.

단순한 사람들은 세월이 지나면 쓸모없는 고가품의 명품이란 옷과 자동차에는 애지중지하면서 생존하려면 한순간도 없어서는 안 되는 공기와 물과 햇볕에는 당연시하듯 일생을 살 수 있게 마중물(낳고 길러 줌)이 되어준 부모에는 감사함을 모르거나 외면하고 당연시하는 것은 펌프 물(일평생)에는 마중물(낳고 길러줌)이 있어야 물을 퍼먹을 수 (인생의 삶) 있다는 것을 아집스럽게 당연지사(낳고 길러 줌으로 잘살고 있음)로 외면(결초보은, 효도)하는 것이라서 불효라는 것이다.

부모에게 안갚음의 결초보은은 첫째가 자신이 행복하게 바르게 잘 사는 것이고, 두 번째는 부모가 외롭지 않게 웃음이 많도록 관심과 사랑으로 감사하는 마음을 보이는 것이다.

위에 두 가지 없이 돈으로만 효도하려는 것은 효심이 없는 것이라서 진정한 결초보은이 될 수 없다.

"물보다 진한 게 피"라는 말이 관행과 관습적으로 전해오고 있다는 데는 어떠한 이유로도 끊을 수 없는 혈족관계라서 "인생사를 공유하고 공존해야 행복하다"는 뿌리 근성에 근거한 말이라고 본다.

뿌리 근성에 바탕을 두고 가족이란 집단지성이 집사광익(集思廣益:여러 사람의 지혜를 모아 더 큰 이익을 얻는다)을 형성하여 삶에서 시너지 효과를 높일 것인데 요즈음에는 단순하고 이기심이 많아서 "피보다 진한 게 돈"이라는 비인간적 사회가 되고 있어 불행을 자초하기도 하지만 필자의 경험에 의하면, 출가하고 분가한 형제간에도 윤리 방정식에 바탕을 두고 살아보니 행복감이 극대화되더라는 사실에서 자신감으로 하는 말이며 젊은 날에는 어른들의 말을 귀담아듣지 않고 외면했던 것도 있었던 것 같으나 살아보니 "어른들의 말씀이 하나도 틀린 것이 없더라"는 것을 살면서 보니 "삶에서 느끼고 터득하여 격문치지로 속담이나 성어로 만들어진 말"이라는 사실이다.

가정과 가족은 삶에 보금자리요 행복하게 살려는 동기부여가 되고 원천이란 사실에는 부모로부터 태어나서 인생에 초석을 놓는 성장기에 도움받아 자라고 세상을 펼쳐감에 있어 수많은 사람과의 경쟁에서 앞서가려는 승부 욕과 성취감에서 부수적으로 따라오는 물적 재산으로 지적 재산에 학습력을 키워서 선도자가 되고 지배자가 되려는 것에는 가족이란 뿌리 근성에서 "승어부(勝於父:아버지보다 나은 자식)가 되겠다"는 소명 의식과 사명감을 가져야 낙락장송(落落長松:커다란 소나무란 뜻으로 훌륭하게 성공한 사람을 의미함) 되어 뿌리가 더 튼실해지면 "가문에 영광된 사람이 되었다"는 자부심이 높아져 다복한 사람이 된다는 사실이다.

승어부(勝於父)가 되려면 "가정 걱정만 하는 사람은 가정만큼밖에 자라지 못하고 직장 걱정만 하면 직장의 주인 정도만 되고 사회의 지도자가 될 수 있으나 언제나 민족과 국가를 걱정하는 사람은 국가의 지도자가 되는 법"이라는 교훈을 가슴에 담고 수신제가치국평천하(修身齊家治國平天下:자신의 몸을 닦아야 집안이 가지런해지고 그 후에 나라를 다스릴 수 있어 천하가 화평해진다)를 명심하여 "부모보다 더 큰 사람이 되겠다"는 승어부의 꿈을 가슴에 담아야 가능하여 뿌리 근성에 일조할 것이다.

반면에 사회 현상은 시대적 현실로 못 배웠던 부모들을 처분하는 극한 이기심이 많다는 사실에서 어느 해방둥이(1945년생) 지인의 말에 의하면 자신은 배우고 싶어도 굶주림에 찌든 가정에서 태어나 못 배운 것이 한이 되어 자식을 박사학위 받도록 키워주었더니 저 혼자만 잘나고 저의 능력으로만 출세한 줄 알고 못 배운 자기를 "못 배워서 무식한 부모로 치부하며 배신하더라"며 자식한테 배신당한 못난이라 일생에서 제일 후회하는 것이 "자식 공부 많이 시킨 것"이라며 학벌이 인간의 기준이 아니고 인간성이라는 말에 측은지심으로 공감하였다.

혈족관계도 무관하게 생각하니 사회생활에서 집단의식이나 집단지성이 있을 수 없고 오로지 자기 자신만이라는 이기심이 앞서고 자기만 최고인 양하기에 극단적 표현으로 말하면 인간들이 동물성으로 치닫고 있어서 분노와 갈등의 세상으로 분열하여 이분법적으로 네 편과 내 편만 있고 그중에도 나만 있는 극한 세상으로 치닫고 있다는 생각에 회의감이 많이 든다.

이러한 현상을 염치도 없고 체면도 모르는 정치인들에게서 쉽게 목격하고 있다는 사실이니 "일반 소시민 사회에서는 얼마나 많겠는가" 생각하면 "세상이 무섭다"는 생각이 앞선다.

공동체 정신으로 집사광익(集思廣益) 하려는 의식이 높아져야 시너지 효과도 생기고 "상호 보완적이고 보정 하여 삶의 효율과 효과도 극대화되도록 하려는 정신"이 인생의 가치를 보람되게 하여 아름다운 행복을 담보할 수 있다.

인생사를 식물에 비유하면 "뿌린 씨앗(행위, 행실)으로 뿌리(가정,

가족)가 형성되고 씨앗의 DNA(유전자)가 열매(자식, 후손)가 열리는 것"이라서 씨앗이 "어떠한 열매로 열리게 하느냐"의 근원이 된다는 사실에서 모두가 선망하는 씨앗(자신)이 되도록 하려는 것은 씨앗 자체에서 나오는 DNA(뿌리 근성)가 좋도록 해야 된다는 말이다.

"효도하는 부모를 보고서 효도하는 자식이 태어난다"는 말이며 "뿌린 대로 거두게 된다"는 말이기도 하다.

필자가 종교 생활하면서 터득한 격물치지(格物致知:사물의 이치를 연구하여 지식을 완전하게 함)로 현실을 보자면 뿌리 근성에 기반한 가족이란 귀중함이 퇴색되고 퇴행하여 부모와 조상에 대한 근본이 무색해지고 있다고 본다.

태초(太初:하늘과 땅이 생겨난 맨 처음)에는 지구상에 인간이 태어나는데 신앙적 대상(하느님, 하나님, God)이 창조하였다 하더라도 현실 세상에 내가 존재하고 있음에는 생물학적(과학)으로 보면 조상과 부모님이 있었기에 태어나고 현실적으로 존재하고 종교 생활도 하고 있음을 부정할 수 없으니 부모와 조상에 감사하지 않으면 인간적으로 배신행위로 볼 수 있어 자율적인 효도는 차치하더라도 감사함은 본능적 책무로 어떠한 경우라도 감사함이 있어야 도리일 것이고 인간의 근본일 것이다.

이것이 성경에서 말하는 황금률에 의한 "남에게 대접받고자 하는 대로 남을 대접하라"는 뜻과 "만인(萬人)과 만물(萬物)을 사랑하라"는 뜻에도 부합하고 합당하다고 본다.

물리적(物理的)으로나 시간적으로나 심적(心的)으로나 종교 생활하는 정성의 1%만이라도 부모와 조상에 대한 감사함을 알고 도리 지킴으로 행하면 자신에게 돌아오는 유덕동천(惟德動天:오직 덕만이 하늘을 감동시킨다)이 정서적(情緒的)으로나 지적(知的) 재산으로 형성되어 물적(物的) 재산으로 돌아올 것이다.

이것이 이타적으로 자신을 사랑하는 거라서 스스로 품위를 지키는 결과로 자기를 존중하는 마음이 되어 자존감이 높아질 것이다.

반대급부로 생물학적 과학도 부정하고 감사함도 모르고 도덕심과 윤리 의식도 외면하면 인격이 퇴행 되니 인면수심(人面獸心: 사람의 얼굴을 하고 있으나 짐승과 같다는 뜻으로 마음과 행동이 몹시 흉악함)이라 할 수 있다.

오랜 세월 살면서 산업화와 민주화의 격세지감(隔世之感:오래지 않은 동안에 몰라보게 변하여 아주 다른 세상이 된 것)을 많이 느끼고 있지만, 사람들의 인간성에도 퇴행적 격세지감을 많이 느끼고 있기에 "원인이 무엇일까"에 생각해보았다.

원인은 뭐니 뭐니 해도 물질 만능이고 물질만이 최고라는 이기심에 적자생존 환경으로 급변하는 세상에 먹고 살기가 치열한 경쟁사회에서 승자독식(勝者獨食:싸움이나 경기에서 이기는 사람이나 단체가 모든 이익을 다 가져감) 하려는 과욕이 인성까지도 변화시키고 있다고 본다. 정치인들의 퇴행이 사회현상을 선도하고 있다.

필자가 유소년과 청소년 시절에는 외딴곳이나 산길에서도 사람을 만나면 반가워했으나 요즈음은 무서운 생각에 경계하는 사회 환경이라서 인간애라는 것이 많이 가 아니라 극 하게 실종되었으니 "어찌 사람 사는 세상이라 하겠느냐"는 생각이 드는 것에는 모두가 각성하고 성찰하여 미래에는 좀 더 좋은 세상이 되기를 바라는 순박한 생각에서 하는 말로 이해하기를 기대한다.

같은 동물성이라도 인간은 생각하고 부끄러움을 알고 체면을 중요시하는 만물의 영장인데 "맹수 같은 언행을 해서야 어찌 인간이라 하겠느냐"는 생각으로 모두가 자성하고 각성하여 "몰염치한 사람은 되지 않겠다"는 각오와 다짐으로 "부끄러운 짓은 않겠다"는 사회가 형성되어야 모두의 인생사가 보람되어 삶의 질에도 시너지 효과가 이루어지면 다복한 나라가 될 것이라고 확신한다.

여기에 더하여 인간관계에서 자신에 행복감을 높이려면 주고받는 보답과 도리에서 윤리 방정식을 가슴에 담고 살아야 "이기적 생각을 배척하고 이타적 마음에 사랑으로 삶에 효율과 효과가 극대화된다"는 것을 필자의 이름으로 자신 있게 말한다.

이러한 지적 재산이 어두운 밤길과 골목길에서 사람이 반가울 것이다.

내일이 더 좋고 아름다운 세상을 위하여…… 뿌리 근성으로!

⑩ 인생은 만남의 미학에서 가치와 운명이 가름 된다

사람은 누구나 불쑥 세상에 던져진 사회적 동물로서 필연적으로 첫 만남을 부모로부터 시작하여 수많은 사람과의 만남과 헤어짐의 반복 속에서 삶에 역경도 겪고 희로애락(喜怒哀樂:기쁨과 노여움과 슬픔과 즐거움을 아울러 이르는 말)의 과정에서 유유상종(類類相從:같은 무리끼리 서로 사귐)하면서 생존 본능으로 운명을 만들어 가며 "행복"이란 목적 달성을 지향하며 살다가 만남의 그침에서 끝난다.

수많은 만남 중에 필연적으로 만나는 부모의 역량에 따라서 자신의 운명에는 막대한 영향을 받을 수밖에 없다는 사실에는 흔한 말로 흙수저인가 금수저인가에서 운명에 지대한 영향을 받는 것이 자신의 잘 잘못이 아니지만 인생사를 극복하여야 하는 흙수저는 참혹한 과정도 있을 수 있다는 사실이다.

그렇다고 금수저로 태어나서 호의호식(好衣好食:좋은 옷 입고 좋은 음식을 먹음) 하고 자란 사람이 영구히 행복을 보장받지는 못하는 법이기에 긴 여정을 본인이 어떻게 엮어가느냐가 마지막 만남의 그침에서 웃음꽃이 있느냐와 없느냐로 판가름 날 것이다.

어떻게 살아야 하느냐에는 사람마다 입장과 관점이 다르기에 천편일률적(千篇一律的:여럿이 개별적 특성 없이 모두 같은 것)으로 똑같은 정답은 있다고 할 수 없지만 인간답게 보람되도록 살아가는 기본은 인간성이란 것에서 지적 재산으로 판가름 난다는 사실에서 "옳고 바르게 남에게 피해와 손해를 끼치지 않게 살아야 된다"는 것과 견득사의(見得思義:이익을 보거든 정의를 생각하고 옳고 정당한지 생각하라) 하여야 한다는 것은 같으나, 물적 재산 이루는 것에는 추구하는 것과 방향에 따라서 행운이란 것도 있어서 결과가 똑같지 않다는 사실이고 주어진 정도(程度)에서 어떠한 가치 중심으로 행복감을 가지고 느끼느냐에서 행복의 크기는 다르다는 생각이다.

물론, "운"이란 것을 보편적으로는 "그냥 주어지는 것"으로 인식하고 있으나 운이라는 것은 "목표가 있어서 준비하는 사람에게 찾아오는 것"으로 명심하여야 한다는 사실이다.

즉, "물적 재산 크기와 행복의 크기가 꼭 비례하지 않는다"는 말에는 "돈이 행복 조건에 필수이지 절대적이지 않다"는 데서 자신의 마음가짐과 환경을 어떻게 만드느냐가 중요하다는 사실이다.

내 절친 중에 사업을 잘하고 있다가 본인에 잘못이 아니고 원청사의 잘못으로 어쩔 수 없이 사업을 접고서 금전적으로 힘들게 살 수밖에 없는데도 지난날에 동생들이 자라는 과정에서 보살펴주고 베풀며 도와주었던 것에 보답하려고 결초보은(結草報恩: 죽어 혼이 되더라도 받은 은혜를 잊지 않고 갚는다) 하려는 동생들에서 금전적 도움을 받고 살아도 행복감을 만끽하고 살면서 주변 친구들과도 변함없는 우정을 나누며 즐겁게 살고 있다는 것은 지난날을 바르게 잘 살았다는 증거이고 사업을 접으면서도 친구나 주변 사람에는 일절 피해 입히지 않았기에 가능하다는 데서 삶에 가치를 타산지석(他山之石:다른 사람의 장점을 보고 배움)하고 사업을 접게 된 실수를 반면교사(反面教師:다른 사람의 단점을 보고 배움)로 많은 것을 필자에는 교훈이 된 금란지교(金蘭之交:쇠라도 자를 수 있고 난초의 향이 같은 관계) 친구가 있다.

반면에 또 다른 죽마고우(竹馬故友:대나무 말을 타고 놀던 옛 친구) 친구는 고위 공무원으로 정년퇴직하고 박사학위도 있어 자랑할만한 스펙도 되고 고액 연금과 재산도 충분하여 겉으로 보기에는 행복 조건이 충분한데 형제간에 갈등과 불협화음이 심하여 항상 불안과 초조함으로 불행의 연속에 살아가는 것을 보면서 두 친구에서 느끼고 배울 것이 있다는 사실이다.

첫 번째가 사업 실패로 가지고 있는 돈은 없어도 형제들과 주변에서 도와주는 것으로도 행복하게 사는 사람이 있고 평생을 나라에서 먹고 살 수 있게 보장되고 금전적으로 여유가 있어도 항상 불행한 것에서 "돈의 양이 행복과 비례하지 않는다"는 것이고,

두 번째는 살아오며 필연적인 가족과의 관계가 화목하고 사랑스럽게 지냈느냐와 현재에도 관계를 배려와 베풂으로 "윤리 방정식에 준하여 살고 있느냐"이고 우연의 관계라 할 수 있는 친구나 주변 사람들과 "어떠한 마음과 자세로 살고 있느냐"에서 행복과 불행으로 달라진다는 사실에서 물이귀기이천인(勿以貴己而賤人)이라고 "자신을 귀하게 여기어 남을 천하게 여기지 않는 것"이 중요하다.

인생은 행복이 아름다운 삶의 전부인데 어떠한 환경에서 태어났느냐보다는 본인이 인생을 만들어 가는 과정에서 만남의 관계를 어떻게 설정하고 교류하며 가치를 높이느냐로 인생 좌표와 행복의 척도가 이루어진다는 것이다.

다음으로 선택의 복이라 할 수 있는 결혼이란 만남이 아마도 만남의 관계에서 가장 중요하다는 것에는 의심의 여지가 없을 것이다.

결혼에는 사람마다 가치관이 다르기에 정답이 있을 수 없으나

정서와 의식 수준이 같아야 서로가 이해와 양보와 소통에서 합의점과 가치 지향에서 시너지 효과가 많을 거라 보지만 결혼 후에는 서로가 보완하고 보정 하는 관계로 성격의 다름은 인정하고 배려와 양보심이 사랑이라는 것에 우선하는 마음이 있어야 갈등과 분노 없이 행복 지향으로 화목하게 살 수 있다고 본다.

다시 말하자면 남녀가 몸도 마음도 생각도 원천적으로 다르기에 서로가 부족한 부분을 바르게 보정하고 모자라거나 부족한 것을 보완하여 종족 번식의 본능으로 자식도 낳고 일평생의 삶에서 사랑으로 생활의 시너지 효과 누리고 얻고 집사광익(集思廣益:생각을 모으면 이익이 커진다) 하려는 것이 결혼이란 사실로 인식하면 살아가는 여정에서 "서로가 다르기 때문에 결혼하는 것으로 전제하여 배려와 양보와 이해심이 발현되므로 행복한 지적 재산이 된다"는 것이 "사랑하기 때문에 결혼한다"는 말이다.

결혼하면 "검은 머리 파뿌리 되도록 살아야 한다"는 말은 진리이고 인간의 가치에도 부합된다고 본다.

결혼은 본인들이 좋아서 만남의 시작이지만 가정을 꾸리고 가족이 생기고 하면 가족이란 구성원과 본인들을 키워서 결혼할 수 있게 해 준 양가의 부모와 형제들과도 공동체 정신에 부합되도록 할 책임과 의무가 있다는 사실이다.

자기들 인생이니 자기들만의 문제라는 편협함은 무지하고 이기심의 극치라는 것을 아는 것이 지적 재산이다.

본인들이 어떠한 모습으로 어떻게 사느냐에 따라서 양가의 가족들에는 행, 불행의 단초가 된다는 것이라서 책임과 의무가 있기도 하고 자신에 의지나 뜻과 관계없이 태어난 자식에도 막대한 영향을 주는 절대적 책임은 당사자들에게 있기에 태어난 자식들이 성장하여 자립하고 독립할 수 있을 때까지는 태어나게 한 부모가 무한 책임을 가져야 할 양심과 체면과 염치가 있어야 인간이라 할 수 있기에 혹여나 이혼이란 말을 하는 것 자체가 죄악일 수 있다는 내 생각이다.

동물들도 새끼 낳고 키우면서 독립과 자립할 때까지는 어미가 보살피고 먹잇감 잡는 방법을 열심히 가르치고 맹수의 먹잇감 되지 않도록 피눈물 나도록 보살피고 가르치는 것에서 각성하고 인간이란 가치에서도 본능과 본분을 지켜야 하는데 하물며 인간이 어찌 자식에 미래를 나 몰라라 하겠느냐 말이다.

요즈음은 젊은 세대에는 이혼을 대수롭지 않은 보편적 가치로 인식되고 있다는 것에 많은 걱정과 회의감을 갖고 있다.

인간의 가치는 먹잇감에만 목적으로 약육강식(弱肉强食) 하려는 동물들과 다른 "생각으로 판단력을 소유한 만물에 영장"이라는 사실이다.

단지 성격 차이 때문에 분노하여 헤어지고 인생을 장난스럽게 여기어 불행하고 부모들과 자식들에도 불행을 제공하고는 미안함과 죄의식도 없다는 것에는 인면수심(人面獸心:사람의 얼굴을 하고 있으나 마음은 짐승과 같다는 뜻)이라고 할 수 있다.

이유인즉 본인의 인격 수양이 부족하여 미래지향적이지 못하고 분노 조절을 못 하여 이혼함에는 "옳지 못한 이기적 아집 때문에 그렇다"는 사실이라서 미래가 밝지 못하여 영원한 정신적 장애자가 될 수 있다는 말이다.

필자가 주변에서 본 사람들 중에 "이혼하여 행복하다는 사람은 보질 못하였고 불행하다는 사람만을 보았다"는 사실에서 격물치지로 자신 있게 말하는 거다.

이렇게 필연적 만남의 관계보다는 우연이나 필요에 따라서 낯설게 만남이 시작되는 사람들이 헤아릴 수 없을 정도로 많기에 인생사에 막대한 영향을 받을 수밖에 없는 것이 세상사이고 삶의 가치와 운명까지 가름하는 것이다.

필연으로 만나는 가족들 다음으로 중요한 만남은 "성장기에 필수적인 교육 현장에서 스승들과의 만남이 대단히 중요하다"는 것에는 인생의 좌표가 될 수 있다는 데서 누구나 공감할 것이다.

처음 만남은 "하늘"이 만들어 주는 인연이고 그다음부터는 인간이 만들어 가는 인연이라 하였고 만남과 관계가 잘 조화된 사

　　　　　지적 재산이 물적 재산을 형성한다

람의 인생은 아름다운데 만남에 대한 책임은 "하늘"에 있고 관계에 대한 책임은 "사람"에게 있다는 데서 교육자인 선생님들과의 만남은 특별하고 중요하다.

교육자들에 성품도 각양각색으로 가치관이 다르기에 자라는 과정에서는 어떠한 은사님를 만나느냐로 막대한 영향을 받을 수밖에 없기에 하는 말인데, 학생의 자세와 부모의 생각이 교사와 상반된 관계로 반목스러운 요즈음의 현상을 우려하며 부정적으로 보고 있다.

필자가 자라던 시절에는 "선생님"이라는 호칭만으로도 존경의 대상이고 우러러보는 인물로 인식돼 있었으나 요즈음은 너무 많이 퇴색된 원인을 누구에게만 책임있다 할 수 없고 교육자와 학부모와 학생들의 공동 책임이 있다고 보기에 각자가 더 좋은 세상을 위하여 반성하고 성찰하여 자라나는 후세대의 교육 현장이 효율적이고 바람직하게 되었으면 하는 기대심으로 희망한다.

그래서 관계에 대한 책임은 "사람"에게 있다는 개념이 중요하다는 것으로 각자의 책임 의식이 성장의 원동력이 된다는 말이다.

다음으로 사회단체나 직장에서 필연적으로 낯설게 만나는 인연의 관계는 인생을 만들어 가는 과정에서 반면교사와 타산지석으로 학습하는 데 참으로 중요하므로 상대의 마음을 읽어서 지피지기(知彼知己:적을 알고 나를 알아야 한다)하여야 효율적으로 살아갈 수 있다.

사람이 "셋이 모이면 스승이 있다"는 사실에서 배움이 있다.

살아온 과정과 환경이 다른 곳에서 살았기에 성숙 되어 가는 과정에 사람들의 성격이나 성품도 다르므로 서로의 경쟁심과 성취욕에서 갈등하고 반목하면서 자신에 이득을 추구하려는 것에서 화합하고 협력하며 공동체 정신으로 공감대를 이루려면 집사광익(集思廣益:생각을 모으면 이익이 많아진다) 하려는 자세로 자신이 먼저 옳고 바르게 살며 정도(正道)로 가면서 정의로워야 낯선 인연의 만남에서 우위를 점하고 선도자적 위치에서 인정받고 존중받아야 성취감이 극대화되고 부수적으로 따르는 물적 재산을 이루면 지적 재산의 가치도 보람으로 찾아와서 행복이 커질 거라는 사실이다.

이렇게 수많은 사람과 낯설게 만나는 인연에서 절친 관계로 발전하여 여생이 아름다운 행복이 되려면 인격을 높이고 자존감도 높이며 배려심과 베푸는 자세를 먼저 보이면 상대성이 있기에 주고받는 윤리 방정식이 형성되어 행복을 창조하는 인생사가 귀감 되는 사람으로서 만남의 그침에서 석양의 노을이 붉게 물들 것이라 본다.

석양을 붉게 물들이고자 하면 자신에 지적 재산을 높은 가치로 만들어야 하기에 "자신 스스로가 바른 마음을 가져야 가능하다"는 것으로 흔히들 "사촌이 땅 사면 배 아프다"는 말에 부정적인 생각을 가져야 한다는 사실에는 남이 잘되는 것을 시기하고 질투하며 잘못되기를 바라면 자기에도 좋지 않은 결과가 된다는 것에서 필자가 살아오며 목도 한 결과는 송무백열(松茂栢悅: 소나무가 무성한 것을 보고 측백나무가 기뻐한다는 말로 벗이 잘됨을 기뻐한다는 뜻)이라고 "남이 잘되는 것 축하하고 잘 되기를 바라면 자기에도 좋은 결과가 된다"는 사실이다.

"사람의 인격이나 수준을 알려면 그 사람의 친구를 보면 알 수 있다" 하였으니, 친구가 잘되고 훌륭한 사람으로 귀감이 되면, 본인의 지인들에게 그 사람이 내 친구라며 자랑스럽게 알릴 수 있다는 데서 "성공한 사람에서는 무엇인가는 도움이 되지 피해 볼 일은 없다"는 사실에서 친구가 잘되기를 바라는 것은 자아 사랑이라는 말이다.

또한, 잘되고 성공한 사람들이 모여있는 집단에서는 잘못될 사람도 환경의 지배를 받고 학습력이 생기며 함께 잘되는 법이라는 마중지봉(麻中之蓬:삼밭에서 자라는 쑥은 붙들어주지 않아도 곧게 자라듯 사람도 주위 환경에 따라 선악이 다르게 될 수 있음을 뜻함)이란 뜻에 부합되도록 옳고 바르게 살아가는 사람들 속에서는 부정하고 불의로 살려는 사람도 그러지 못하게 되는 것이 환경이고 문화라서 잘될 수밖에 없는 것이 인생이다.

사람은 "살아가는 환경이 인성을 만든다"는 것이 진리다.

예를 들자면 같은 교사라도 초등교사와 고등교사와는 세상을 보는 눈이 초등생과 고교생의 생활 모습만큼이나 다르다는 것이다. 가르치는 학생들에 의하여 세상사의 확증 편향성이 형성되는 것 같다. 그래서 만남과 헤어짐의 과정이 수없이 반복되는 인생사에서 "뚜렷한 가치관을 설정하여 옳고 바르게 성의정심(誠意正心)으로 살아야 인생의 선도자가 되고 지배자가 될 수 있다"는 것을 가슴속 마음에 담고 추구하여야 귀감이 되는 사람이 될 것이다.

"세상사 나로 시작하여 나로 끝난다"는 사실에서 기나긴 여정 속에서 "인연으로 만나는 사람과 어떠한 관계로 설정되느냐"에 따라서 운명의 가치가 좌우되기에 "모든 결과는 내 탓"이라는 관점에서 내 책임이라는 의식이 앞서가는 사람으로 발전할 것이다.

자신이 먼저 무신불립(無信不立)의 가치를 확립하여 신뢰를 쌓고 살아야 될 것이나 인간으로서 절대로 해서는 안 될 "배신행위"를 상대가 하더라도 자신이 "그 사람을 몰랐다"는 것으로 내 탓이란 자책감이 먼저여야 한다는 말이고 "내가 싫어하는 사람은 상대도 나를 싫어하는 것"이 보편성이지 "내가 싫어하는데 상대가 좋아하는 경우는 없다"는 사실에서 마음을 읽어야 만남의 미학이 될 것이다.

죽마고우(竹馬故友)라도 10년, 20년, 30년의 세월에서 환경이 다르고 문화가 다른 직업을 가지고 살면서 가치관도 다르고 지향점도 다르기에 천태만상(千態萬象)과 천차만별(千差萬別)로 다르거나 차이가 나기에 변함없는 우정이나 의리를 죽마고우 관점에서 유지하기가 쉽지 않다는 것을 알아야 하고 선별하고 구별할 줄 알아야 사회생활에서 착오가 없거나 적을 것이다.

특히나 공적 업무를 하면서 과거의 인연으로 사적인 관계를 전제하여 공·사를 구분 못 하거나 않고서 편견과 편애하면 만사가 허사 되어 사적 관계마저 돌이킬 수 없는 문제로 치명상이 될 수 있다.

"인사가 만사"라 하는 말에는 능력과 실력뿐 아니라 "공과 사를 구별할 줄 알아야 한다"는 전제가 내포되어 있다는 것이 필자의 경험으로 격물치지(格物致知)하여 하는 말이다.

세상사를 "내 탓"이란 말에는 인생사를 보람있게 가치를 높이려는 겸손한 자세로 "자기 스스로 자기와의 싸움에서 이겨야 한다"는 뜻의 선승구전(先勝求戰:먼저 이겨놓고 싸운다는 뜻)을 가슴에 담고 환경을 이기고 세상을 이기려면 "준비한 만큼 보인다" 했기에 얼마나 준비하고 얼마나 배우려 했느냐는 것으로 유비무환 정신이 일생을 가름한다는 생각이다.

이 모든 것에는 "마음을 읽을 줄 알아야 가능하다"는 것이다.

"20세기까지는 글을 모르면 문맹이라 했는데 21세기에는 마음을 읽을 줄 모르면 문맹인"이라는 말이 있는데 전적으로 공감하고 지피지기하여 효과적이고 효율적으로 살려 하고 있다.

지피지기(知彼知己:적의 사정과 나의 사정을 잘 앎) 하여야 백전백승(百戰百勝:싸울 때마다 모조리 이김)한다고, 마음을 읽는 것에서 우월하도록 공부하고 학습하여 상대의 마음을 읽고 내 마음을 읽어서 어떠한 상황에서나 상대와의 관계에서 바람직하고 보람 있는 결과가 되어야 물적 재산 이룰 수 있어 인생사가 행복할 거라는 데서 우연의 만남에서 그 사람에 마음을 읽기 위한 성품과 성격을 알려면 "제3자에게 대하는 것 보면 본성을 알 수 있다"는 것을 참고할 필요가 있다.

"인생의 끝자락이 행복 하려는 꿈"을 실현하고자 하는 현재가 행복하다. 플라톤의 행복론에 근거하여 "무엇이고 조금 부족하여 채우려는 것이 행복이더라" 하였다는 데서 하는 말이다.

사람 간에는 필연이든 우연이든 인연으로 만남은 "마음을 읽는 것에서 시작하여 마음을 읽지 못하는 것"에서 끝나는 것이다.

괴테의 말에 의하면 "나(자신)를 만나지 못하는 사람은 길이 없다"고 하며 "내면(內面)을 바라보며 길을 찾고 꿈을 향해 걸어가

지적 재산이 물적 재산을 형성한다

라"고 했으니 자신에 마음을 읽는 것이 무엇보다 제일 중요하고 첫째이어야 모든 인연으로 만남이 바람직하고 보람이 될 것이다.

모든 인연이 벌과 꽃의 관계로 벌은 꿀을 얻고 꽃은 열매를 얻는 인연이 되어 아름다운 삶의 향기가 가득한 세상이 되기를 기도한다.

인연에서 "선물은 가격으로 계산 않고 마음값으로 계산해야 정(情)값이 되어 사랑이 된다."

⑾ 정당한 자존심이 자존감 높인다

자존심을 "남에게 굽히지 않으려고 자신의 품행과 품위를 스스로 지키는 마음"이 아니라 "무조건 지지 않으려고만 하는 것"으로 아는 것이 문제라고 본다.

즉, 품위를 스스로 지키려는 마음을 배제하는 것이 문제이고 잘못이란 말이다. 다시 말하면 품위와 품행이 없는 자존심이란 있을 수 없어 도리를 지키는 것도 자신에는 자존심이 된다.

자존심을 세우려면 자신의 품위를 지키려는 노력을 자신이 스스로 하여야 정당한 자존심이라는 데서 자존감(自尊:스스로 품위를 지키고 자기를 존중하는 마음)을 높이려면 많이 노력하여야 하기에 살아본 경험에 의한 격물치지로 논하려 한다.

　무엇보다 먼저 "세상에는 공짜가 없다"는 것에 충실하여야 정당한 자존심이라는 것이고 공짜를 좋아하며 얻어먹고 받아먹고서 갚지 않으려는 것은 자존심이 없기에 비겁한 것인데 뒤돌아가서는 자존심을 내세워서 대접한 사람을 도리어 흉보고 욕까지 하는 사람은 비열하고 열등의식에서 하는 짓이라서 자존심일 수가 없다는 사실이다.

　정당하고 당당한 자존심이 있으려면 "받은 것 이상으로 갚겠다"는 자세이어야 하고 "얻어먹거나 받고서도 갚지 않는 사람은 비굴하게 살 수밖에 없다"는 것이 인간의 심리이고 최소한의 양심에서 오는 본능적 심리인 거다.

　의도적이든 의식적이든 무엇인가 물질적 재물을 얻고자 하여 상대를 추켜세우고 아부성으로 아첨 부리며 상대의 마음을 감동하도록 하여 얻어먹으려니 "비굴한 언행으로 졸렬할 수밖에 없고" 예의 지키고 도덕심으로 대하여 서로가 동등 하려는 자세로 당당하고 떳떳하게 자존심을 마음에 담고 살려면 받은 것에 준하여 갚으려는 자세를 스스로 먼저 지키는 것이 정당한 자존심이라서 하는 말이고 이러한 자존심을 지키려면 윤리 의식과 도덕심과 예의와 도리를 지키고 사는 것에서 자존감이 높아지기에 "정당한 자존심은 자존감을 높여준다"는 것이고 자존감이 높아지면 인성과 품성도 좋아지고 높아진다는 사실이다.

받아먹고 갚지 못할 것 같으면 받아먹지 않는 것이 자존심이라서 자존심 없는 사람이 공짜를 좋아하는 법이다.

자기 스스로 품위 지키려 하지 않고서 자존심만을 내세워서 "양보하지 않겠다"며 오기 부리고 객기 부리면서 경쟁심만을 주장하는 것은 자충수가 되어 자승자박(自繩自縛:자기가 자기를 망치게 한다)이 될 수 있다.

자기 스스로 품위를 지키려 하지 않고서 자존심만 내세우는 사람에는 실력과 능력을 갖추지 못할 가능성이 높은 것이라서 하는 말이고 실력과 능력을 갖추고 있으면서 품위 유지를 않는 사람은 세상을 정당하게 살지 않았다는 사람이라서 지적 재산이 부재한 것으로 만남의 끝이 좋지 않아서 행복할 수 없을 거라는 사실이다. 그래서 "교양 없는 자존감은 없다"는 사실이다.

정당한 자존심의 소유자는 말이 아니고 행동으로 한 말에 책임지려는 자세에서 "어떠한 약속이라도 지킨다"는 것이 전재돼 있다.

필자가 보는 "약속"이란 말에는 "지킨다"는 뜻이 전제된 함의라고 보고 있으며 지키지 않을 약속이란 말은 기만으로 속임수가 전제돼 있다는 사실이라서 지키지 않을 약속이란 말은 성립될 수 없다.

말로만 감언이설과 미사여구로 그럴듯하게 말하고 행동으로 책임감이 없다는 것은 자존심 없이 자기의 이득에만 매몰된 단순한 사람이라서 행동으로 책임지지 않는다는 사실이기에 필자가 사람에 진의와 진심을 판단하는 기준으로 삼고 있는 "사람에 진실을 알려면 입(말)이 아니고 발(행동)을 보라"는 철학적 개념을 중요시하며 판단의 기준으로 하고 있는데 삶에서 참으로 중요한 가치가 되더라는 사실이다.

행동(책임)이 따르지 않는 말은 겪어보고 난 후에 믿음을 가져야 하지 말만을 믿고 신뢰심을 갖는 것은 속을 수 있기에 경계할 필요가 있다. 특히 아부하는 사람은 경계해야 한다.

그렇다고 무조건 상대를 불신하고 부정하려는 거는 도리어 역효과 되어 자승자박 될 수도 있기에 자존감 떨어지는 언행은 하지 않아야 한다.

"이익"을 최우선시하는 사람과 집단은 "편법과 비정상으로 불공정하고 불의에 외면하고 공정과 정의에는 위선적이고 내로남불 한다"는 것이고 "가치"를 중요시하는 사람과 집단은 "인간의 본분을 잃지 않으려고 체면을 중요시하여 염치없는 짓"은 않으려 한다.

정치인과 패널들에 언행을 보노라면 "이익"에 집착하는 사람과 집단은 깐부라는 의리를 내세워서 응집력 강하게 잘못한 것도 감싸고 변명하면서 편들고 염치없이 체면도 모르기에 인면수심(人面獸心)이란 생각이 들며 "가치"를 중요시하는 사람과 집단은 옳고 그름을 우선하여 논쟁적인데 일부에서는 부패로 잘못한 것을 인정하지 못하는 게 아니고, 않으려 하는 것은 자존심 없는 몰염치라서 체면도 모르는 사람과 다를 바 없다.

체면을 알고 염치를 지키려는 것이 인격 수양 되고 자존심이다.

우리 사회에는 정치인이나 정당을 두고 양분되다시피 갈등과 분열이 심화돼 있는데 인간에 기본은 인간성이고 "그 사람에 과거는 미래의 거울"인데 인식하지 못하고 현재의 감언이설과 미사여구에 현혹되어 팬덤이 생기는 것 보면 국민이 나라의 주인이란 주권 의식이 없고 자존심까지 내팽개치고서 부역까지 하는 거는 영혼 없이 노예근성으로 사는 것이라서 암담한 생각이 들기에 인간의 가치를 도외시하여서는 진정한 물적 재산도 되지 못할 거라고 보고 있다.

자기중심이 아니고 정치인을 중심으로 하는 생각은 자존심 없는 행위라서 "자기 위한 정치 평가로 자기중심적인 것이 자존심 지키는 주권재민 권리"라 본다.

필자가 생각하는 진정한 자존심은 신뢰 쌓고 자존감 높이려는 의지가 있어야 자존심을 지키면서 내세울 수 있기에 "자신

스스로가 약점이나 단점을 보이지 않도록 완벽주의로 살아야 한다"는 데서 남에게 배려하며 베풀면서 품위와 품행이 올발라야 하기에 "베푸는 것에는 상대가 바라는 것보다 더하고 더 좋은 것으로 해야지 기대보다 못한 것으로 하면 주고도 욕먹을 수 있다"는 기본을 아는 것이 중요하며 자존심 강한 사람은 "굶더라도 못된 짓은 않는다"는 거다.

　필자가 평생을 어느 누구에도 무엇을 사달라거나 요구하여 공짜로 얻어먹으려 하지 않고 살아오는 데는 선승구전(先勝求戰)이라고 나 자신을 이겨놓아야 가능할 자존심을 세우기 위한 수단이었고 믿음(信)을 얻어 신뢰성(信賴性)을 쌓아서 인생사를 경쟁력 있게 살고자 하는 기본적 개념에서 그랬고 그러고 있다.

　즉, 지적 재산에 기반한 자존심은 자기 자신을 이겨놓고서 남에게 지지 않으려 할 때만이 가능하여 지킬 수 있고 물적 재산 형성에 도움이 되는 경쟁력이 생길 것이다.

　필자는 3·1절과 8·15 광복절을 국가적으로 뜻깊게 보내고 국민이 열광하는 것에 반대하는 게 아니라 자숙하고 엄숙하게 보내려 한다. 요는 36년간이나 나라 잃고 굴욕적으로 살아온 선조들이 있었고 역사와 세계사에서 지울 수 없다는 것에 부끄러움을 알고 국가적 반성과 성찰이 먼저여야 선승구전(先勝求戰) 자세로 권토중래(捲土重來:실패하고 떠난 후에 실력을 키워서 다시 도전하는 것)

하여 극일(克日)로 최후의 승자가 되려는 것이 국민적 자존심이라서 하는 말이다. 무조건 감정으로 미워만 하면 실패를 반복할 수 있다는 것을 알아야 하기 때문이다.

세상은 경쟁력으로 선 후가 결정되기에 경쟁력을 위한 자존심이고 신뢰를 바탕으로 자존감 높여 아름다운 인생을 걷기 위함이다.

자존심 강한 사람은 감탄고토(甘呑苦吐:달면 삼키고 쓰면 뱉는다는 뜻으로 제 비위에 맞으면 좋아하고 맞지 않으면 싫어함) 하지 않고 물이귀기이천인(勿以貴己而賤人:자신을 귀하게 여기고서 남을 천하게 여기지 말아야 한다)을 가슴에 담고 수오지심(羞惡之心:자기 잘못을 부끄러워하고 다른 사람의 옳지 못함을 미워함)으로 살려 한다.

벌이 꿀을 얻으려면 꽃에 열매를 주어야지 꽃에 상처만 주어 열매를 맺지 못하도록 하는 것은 불 양심으로 자존심 없는 짓이라서 다음부터는 꿀도 얻을 수 없다는 사실이다.

자존심도 서로 돕는 관계여야 진정한 자존심이고 자존감 된다.

⑿ 정도(正道)가 아니면 피하는 것이 지적, 물적 재산 된다

인생 여정을 "옳고 바르게 살아야 한다"라는 말을 수없이 들고 배우며 느끼고 있는 것에는 "단지 착하고 정직하게 도덕심으로 살아야 한다"라는 범주에서 예의 지키는 것으로만 인식하고 있을 것이나 인생길의 생존경쟁 과정에서 희로애락(喜怒哀樂)을 겪으며 수많은 길 중에서 어떠한 길을 선택하느냐로 운명을 좌우할 거라서 나름의 목적 달성 하려면 선택 점에서 올바른 판단이 중요하기에 "길이 아니면 가지를 말아야 한다"라는 원칙과 철칙이 중요하다는 것이다.

무엇보다 "행복"이란 의미를 "일순간의 쾌락이나 환락으로 착각"하여 도박이나 마약같이 법으로 금지된 것까지도 의식 없이 접하는 사람이야 말할 것 없고 음주 가무와 화투 놀이와 카드 같은 사행성 오락도 처음부터 배우지 않는 것이 바람직하며 정부에서 허락한 도박(카지노, 경륜, 경마, 복권 등)도 배우지 않으려고 접근하질 않는 것이 "보람된 인생길을 만든다"는 사실을 인식하여야 한다는 것이다.

필자는 위에서 나열한 여러 도박성 중에서 화투 놀이 고스톱을 어쩔 수 없는 과정에서 배우고 한동안 친구들과 어울려 보았으나 백해무익하더라는 사실을 터득하였고 "길이 아니면 가지를 말아야 한다"며 도박은 물론이고 사행성 오락도 배우지 말라며 필자의 부친께서 교훈을 주셨기에 담배마저도 배우지 않고 충실하게 지켜온 삶에서 과거를 반추해보거나 현재의 삶으로 보아도 보람으로 느끼고 있으며 자존감 높이는 것에도 도움이 되었다고 보이며 물적 재산 형성에 많은 도움이 되었다 할 수 있다.

한 번은 필자와 지인 관계로 있던 사람이 경륜장 임원으로 있을 때, 구경 한번 오라기에 올림픽 공원 안 경륜장에 갔었는데 너무나 황당한 꼴을 보고서 두 번 다시 가지 않고 "절대로 가서는 안 되는 곳"으로 느낌을 받고 많은 거부감을 터득하였다.

요는, 수많은 사람이 둘러앉아서 자기가 베팅한 선수가 뒤에 처지면 육두문자에 도저히 낯 뜨거워서 들을 수 없는 쌍욕을 수많은 사람이 해대는 것에 내 상식으로는 도저히 이해할 수 없는 목불인견(目不忍見:눈으로 차마 참고 볼 수 없음)이라는 것에서 무의식적으로 하는 쌍욕이라도 "자기 얼굴에 침 뱉는 짓이고 법적으로는 모욕죄가 된다"는 사실을 모르는 행위라서 쌍욕은 어떠한 경우라도 하지 말아야 한다.

하기야 일상에서도 욕을 습관적으로 하는 사람들이 많아서 의식하지 못할 것이라 보인다. 절대적으로 시정해야 할 현상이다.

아마도 한 번도 가보지 않은 경마장도 똑같을 거라서 어떠한 경우라도 가서는 안 될 곳이라는 거다.

정부에서 허가받은 도박(로또복권)에도 거부감을 많이 가지고 있기에 말하려는 데는 객관적이며 합리적으로 분석하면 "않는 것이 현명하다"는 데서 그렇다.

정부에서 허가 난 도박(경마, 경륜, 복권, 카지노)을 운영하는 사업 방식도 투기자의 매출 수입금에서 직원들 급여 등 모든 운영비를 쓸 것이고 당첨자 몇 명에 규정된 당첨금 주고도 수익금이 있어야 지속 가능한 운영이 될 것이라는 합리적 분석에 의하면 투기자는 극히 일부만이 "하늘의 별을 따는 것" 중에서 "혹시나" 하는 것인데 투기하여 버는 사람보다는 잃는 사람이 수십 배나 수백 배로 많을 거라는 데서 확률적 게임에서 바보 같은 짓인데 거기에 투기하는 것은 인생사에도 역작용이 많을 수밖에 없을 거라는 데서 보면 땀 흘리지 않고 하룻밤 사이에 일확천금을 노리는 도박성에는 노동의 가치를 부정하며 외면하는 심리에는 "편법과 탈법과 불법이라도 돈만 벌면 된다"는 단순하고 무지의 소치라서 소탐대실을 넘어서 자승자박 될 가능성이 높으며 어쩌다 뭉칫돈을 얻어도 지키지 못하더라는 사실이 매스컴을 통하여 입증되고 있다.

사행성 오락뿐 아니라 경륜, 경마와 카지노, 복권에는 투자 아닌 투기라서 불확실한 위험이 전제된 모험이며 확률적으로도 승률 없는 게임이라서 반지성적으로 반물적 재산이 된다는 사실이다.

사교춤이란 것도 배우지 않는 게 현명하다는 생각이다.

내 젊은 시절에 사교춤 배우고 싶었던 때도 있었고 오토바이 타고 멋지게 달리고 싶기도 하였으나 거칠게 사는 인생이 될까봐서 하지 않고 살아온 인생을 자랑스럽게 생각한다.

취미생활을 즐겁게 할 수 있는 게 얼마든지 많다는 사실에서 사교춤도 부정적으로 보고 있다.

누구나 처음에는 "자기 할 나름이고 자신만은 안 그렇고 자기가 잘하면 된다" 하며 남들의 현란한 춤 솜씨에 호기심으로 배우고 싶어 하는데 사람들은 옆에서 자주 만나고 보는 관계에서 동물적 본성이 있게 마련이라서 순간의 호기심과 호의에서 외도하게 되면 가정이 파산되고 몰락하는 경우를 목격하는 경우가 극히 일부에 있는 경우라도 안 배우는 것이 현명하다는 생각에 내 젊은 날에는 배울 수 있는 기회가 있었어도 몸치라는 핑계로 배우지 않으려 접근조차 하지 않았던 것에 자긍심을 갖고 있다.

무엇이든 "배워 시작하면 중독성으로 끊기 힘들어 삶의 가치에 문제 될 수 있는 것"은 애당초 배우지 않는 것이 지혜이고 현명하다는 것인데 그러지 않고 쾌락과 환락을 목적으로 하는 것 외에도 사행성 오락 등으로 "오늘 하루만 즐기면 된다"는 생각과 인간의 존엄성을 무시하고 돈만 있으면 된다는 단견으로 탈법과 불법을 저지른 사람에는 자승자박을 넘어 당랑규선(螳螂窺蟬:사마귀가 매미를 잡으려 엿보다 뒤에 먹잇감 된다는 말로 눈앞의 이익만 보다가

훗날에 망한다는 뜻) 될 거라는 생각이다.

물론 필자의 뜻에 동의하지 않고 부정하는 사람도 있을 것이라 보지만 필자의 원칙과 철칙 있는 철학적 삶에서 하는 말이니 깊이 있고 높은 삶의 가치로 성찰할 기회가 되기를 바라는 마음에서 논하였다.

인생 여정은 누구나가 인정할 수 있는 올바른 길(正道:정도)에서 창의적이고 창발적으로 생산성 있는 경쟁력으로 앞서가는 길(방향, 방법)을 택하여야 보람으로 행복한 것이지, 편법과 탈법과 불법으로 요행을 바라고 낯선 길(환상적, 못된 짓)로 가려 하면 뒤 쳐지거나 낙오자(불행)가 되어 목적지(평균수명 이상을 삶)에 도달하지 못할 수도 있다는 말이다.

어느 집단이고 "리더는 일을 잘하는 것보다도 길을 잘 알아야 모두를 옳고 바른 길로 안내하고 이끌 수 있다"는 말은 가정에서도 같다고 본다.

집안에 가장이 인생사를 옳고 바르게 살려는 자세로 정당한 삶으로 리더의 역할을 하여야 화목한 가정으로 모두의 귀감으로 보람 있는 행복이 될 거라는 것은 모두가 알고 있는 것이지만 그러려는 의지력과 노력은 부족한 세상이 되고 있기에 염치(양심) 있고 체면(부끄러움)을 지키려는 세상을 주창하고자 한다.

지적 재산이 물적 재산을 형성한다

"인생은 두 발로 걸을 수 있을 때까지가 인생"이라 하였으니 걷고 있는 동안에 정도(正道)로만 걸어서 보람 있는 삶으로 후회 없는 인생길에서 걷지 못할 때, 자랑스럽게 모든 인연을 끝낼 수 있으면 진정한 행복이 아닐까 싶다.

그래서 안락사법이 제정되면 "더 이상 행복할 수 없을 때 가족에 부담되지 않게 안락사를 선택하여 가정에도 피해 되지 않고 국가에 도움 되는 인생의 마지막이 될 것 같다"는 사회적 현명함을 권하고자 한다. 그러면 불명예스럽게 자살이란 가정적 불행을 선택하지 않을 것이라서 통계적 높은 자살률이 낮아지면 국격에도 도움 되리라 본다.

철학은 인생 진리의 해답이기에 "독서와 유교 사상"에서 배우고 종교적 신앙심은 "인생의 마지막 물음에 대한 해답"이라는 것에서 철학적 신념과 종교적 신앙심으로 마지막 죽음을 준비하는 자세와 마음이 행복이려니 하는 것이다.

철학적 신념과 종교적 신앙심은 욕심스러운 마을을 내려놓는 방법과 지혜를 배우고 터득하는 거라는 개념으로 알아야 보람되다.

4.
우리 전통문화 사랑이
지적 재산 된다

우리 전통문화에 대한 것을 학문적 고견으로 말하려는 것이 아니고 일상적 생활 속에서 "전통적 고유문화가 유지·발전보다는 훼손하고 왜곡하여 퇴색되고 있다"는 데서 되짚어보고 반성과 성찰하여 전통적 고유문화를 사랑하여 선진화하도록 하면 "산업전선뿐 아니라 삶 전체에서 시너지효과 되어 아름다운 인생길을 펼쳐갈 수 있다"는 마음에서 집사광익(集思廣益·생각을 모으면 이익이 커진다) 되고자 하는 생각을 말하려 한다.

대한민국 근현대사에서 반세기 전까지만 해도 전 세계에서 빈곤 국가에 속하였기에 선진 국가들에서 원조받고 살았던 빈곤국에서 비롯되어 선진국을 맹신하던 습성이 아직도 사대주의와 사대사상이 관행화되어 우리 전통문화에 대한 사랑은커녕 스스로 자괴지심(自愧之心:스스로 부끄러워하는 마음, 자괴심)으로 치부하는 소아적 발상이 만연하여 언어와 한글에서 특히 외국어가 난무하고 있고 생활문화에서도 외국 것을 무분별하게 받아들여 우리의 관습법적 예의와 윤리, 도덕까지도 왜곡되고 훼손하기에 "가장 한국적인 것이 가장 세계적이라는 것"을 강조하고 "로마에 가면 로마법을 따르라"는 말에 의하여 우리만의 문화를 중요시하며 창의적이고 창발적으로 발전하도록 함이 먼저이지 "남의 나라 문화를 선호하는 습성은 버려야 선진문화 된다"는 것을 말하고자 한다.

(1) 우리말과 한글 사랑이 지적 재산 초석 된다

세종대왕께서 한글 창제한 것에 자부심과 자긍심이 많고 높은 것 같은데 말과 구호로만 그렇지 실생활에서는 간과하고 무시하여 외국말을 우선하는 경향이 언론사에서도 무의식적으로 하고 있으며 방송에서는 외국어를 섞어서 말하는 것이 유식하고 식견 있는 것처럼 자랑스러워하는 어용 지식인들을 보노라면 역겹기까지 하다.

사람이 살려는 생명 유지에는 햇볕과 물과 공기보다 소중한 것이 없으나 당연시하며 감사히 여기지 않고 간과하며 무의식적으로 살 듯이 더불어 사는 인생사에서 말과 글보다 소중한 것이 없다는 사실에서 우리만의 글이 있다는 것에 "자부심과 자긍심에 부합되도록 국민 모두에 사명감과 책임 의식이 중요하다"는 말을 하고 싶다.

명실공히 세계에서 문화의 최선진국이라 할 수 있는 영국의 언어학자 제프리 샘슨이 "한글 창제를 문화 혁명에 비유하고 세계에서 가장 우수한 음소문자라고 평가하고 칭송하였다"는 데서 자부심과 자긍심으로 사랑하여 글로벌 선진국 되도록 하는 것이 경제 대국 되는 것에도 시너지 효과 될 것이고 그렇게 되기를 희망한다.

"말과 글이 문화의 뿌리이고 근본"이라는 것에서 우리만이 가지고 있는 말과 한글을 사랑하고 아끼면서 자랑스러워하며 지키려는 일상이 되어야 타국에서도 인정하고 존중할 거라는 책임 의식으로 사명감과 소명의식이 투철하길 바라고 기대한다.

"내 것을 내가 사랑하지 않으면 남도 내 것을 사랑해주지 않는다"는 보편적 상식에서 하는 말이다.

영어가 글로벌 언어가 된 것은 여러 가지 이유가 있겠지만 그냥 주어진 것이 아니라는 사실이고 영어권 국가들이 세계를 지배하고 있다는 데는 언어의 선진화로 보편화되어 반사이익을 많이 보고 있다는 사실이다.

그 나라들의 모든 국민은 글로벌화 된 외국어를 별도로 배우

지적 재산이 물적 재산을 형성한다

려 시간과 돈을 들이는 노력을 하지 않고서도 어떠한 사람들과
도 자랑스럽게 수준 높은 언어로 소통하고 그 말을 기준으로 해
석하고 해독하는 것으로 글로벌 사회에서 많은 득을 보고 있다
는 거는 엄청난 특혜를 보고 있다는 사실이다.

그런데 우리 국민은 사대 사상적으로 우리의 말과 한글을 무
시하고 외면하듯 하니 얼마나 못난 짓이고 부끄럽기까지 한 것
인지 반성하고 성찰하여 우리 문화를 사랑으로 아끼어 선진화
되도록 하려는 각성이 필요하다는 생각이다.

말과 글은 소통의 수단이고 문화의 뿌리이고 근본이라서 사
람 간에 마음을 읽으려면 수준 있는 언어와 글을 구사하고 들을
수 있어야 맥락맹(말, 글 문해력 부족)이 안 되어 자신에 뜻과 생각을
전하고 받아서 소통하여 지적 가치를 이루어야 소득이 증대되
어 삶에 가치가 극대화될 거라는 사실이다.

"한글"이란 말을 한국의 글로 오인하는 사람들이 있는데 "하
나밖에 없는 글"이라는 뜻을 알고 이에 부합되도록 세상에서 하
나밖에 없는 가장 소중한 글로 인식하고 "아끼고 사랑"하기를
강력히 강조한다.

필자는 두 번째 글을 쓰지만 글을 쓰면서 우리 말과 글에서
내 자신이 많이 무식함을 알았고 외국어를 잘하는 척하는 사
람에게서 교만하고 오만한 모습을 보았어도 교양 있어 보이진

않았다.

내 나라말도 문법에 준하여 정확히 알지 못하며 외국어 좀 안다고 자랑하는 것은 문화 주권을 부정하는 것이라 본다.

방송에서 "우리말 겨루기와 우리말 바로 알기" 등에서 보아도 내 자신이 반성으로 고백하면 우리말을 정확히 알고 있는 정도가 5~60%밖에 되지 못할 것이라는 사실이고 국어 국문학을 전공으로 하였어도 낱말과 받침과 띄어쓰기 등을 정확히 아는 정도가 7~80%만 되어도 많이 아는 것이라 보는 것이 필자의 견해이다.

우리 말과 글을 "바르게 많이 알고 있다"며 자만하면 발전이 없을 것이고 "많이는 모른다"고 겸손해야 정확하고 수준 높은 말과 글을 배우려 노력하여 교양 있는 사람으로 인정받을 것이라 본다.

우리 말에서 존칭어를 옳고 바르게 하는 것은 예의이기 전에 교양이라서 존칭어를 정확하게 구별하여 쓰면 인격이 되고 자존감이 높아진다.

우리의 말과 한글을 일상으로 접하고 있어 잘못 알아 잘못 쓰며 부족함을 인식하지 못하여 "알고 배우려는 노력이 부족하다"는 사실이 제일 큰 문제로 "문화의 뿌리와 근본인 말과 한글이 퇴색되고 있다"는 사실이다.

우리의 말과 한글에 대한 사랑과 소명의식(召命意識)이 세종대왕에 대한 존경심이고 자존감 높이는 수단이다.

지적 재산이 물적 재산을 형성한다

말과 글은 소통의 수단이라서 발음보다는 올바른 것으로 정확히 표현하여 말하고 써야만 정확히 알리고 받아들여서 생각과 뜻을 나누고 마음을 읽어서 더불어 살려는 것에서 "삶의 가치에 무엇보다 중요하다"는 것이다.

소통되지 않는 관계는 광물적 관계로 생명체가 아니다. 작금의 사회 현상은 신조어가 무분별하게 난무하고 세대 간에 쓰는 용어가 다르다 보니 문해력이 실종되는 현상이라서 같은 국민뿐 아니라 가족 간에도 소통이 되지 않는 현실을 개탄하지 않을 수 없다.

문해력의 차이와 다름으로 소통되지 않는 것까지도 세대 차이로 치부하는 것은 심각한 문제다.

세대 차이는 의식과 정서적인 것이지 물리적인 것이 아니라는 데서 모든 국민이 자성하고 각성하여야 한글 사랑으로 선진 문화가 이루어지리라 본다.

문제는 유소년과 청소년이 기성인보다 문해력이 더 떨어지고 있다는 뉴스를 보았기에 심각하다는 것이다.

우리 말을 홀대하고 외면하며 외국어를 선호하고 무분별하게 쓰는 경우를 "언어의 모범이 되어야 할" 방송에서도 우리 말이 엄연히 있고 항상 쓰던 말까지도 외국어로 하여 방청자나 청취자도 익숙하지 않은 말이라서 이해 못 하도록 하는 경우가 비일비재하고 우리말로 토론하다가도 외국어나 외래어로 보충 설명하려는 것을 듣다 보면 극한 거부감에 "자존심도 없고 쓸개 빠졌다"는 표현을 하고 싶은 정도이다.

어쩔 수 없이 외래어나 외국어를 써야 할 경우에는 이해를 못하는 사람에게 우리말로 설명하는 것이 당연한 것을 같은 민족끼리 우리말로 하다가 이해시킨다며 외국어로 예를 들어 우리말을 설명한다는 게 말이 되느냐 말이다.

즉, 내 나라말과 글씨가 주체여야 "문화 주권이 된다"는 뜻이다. 그러는 사람은 자기가 "잘나고 똑똑하다"는 자부심으로 자랑같이 하려는지 몰라도 나는 그러려는 사람을 경멸한다. 언어의 주권 의식 없는 사대사상이라서 말이다.

우리말을 제대로 알지 못하면 외국어도 옳고 바르게 정확히 번역하여 전달할 수 없다는 것이 명확한 사실이다. 우리말을 잘못 알고 있으면 외국어는 당연히 틀리게 할 수밖에 없다는 것에서 우리 말을 먼저 옳고 바르게 정확히 알아야 통화나 통역에서 정확히 소통할 수 있으며 서로가 자기 나라말에 기준으로 인식하고 기억할 거라는 것이 보편적 상식이고 기준이라는 말이다.

요즈음 도시 간판을 보노라면 눈살을 찌푸리게 하는 것이 너무 많아 자괴감이 들 정도다.

간판은 홍보(마케팅)의 일환으로서 찾아오는 손님에게 호감을 주는 영업 전략의 하나이어야 할 것을 외국어로 써야 만이 고급

지적 재산이 물적 재산을 형성한다

스럽거나 수준 있는 것으로 착각하는지 몰라도 알아보지 못할 외국어를 써서 그 집이 무엇 하는 집인지도 모르게 하는 것은 영업의 기본도 모르는 행위라서 이해할 수 없으며 우리 한글을 무시하고 외면하는 거라는 데서 많은 거부감을 가지고 있다.

이러한 현상은 자기 것에 소중함을 모르고 "남에 고기가 커 보인다"는 심성에 사대주의와 사대사상이 많아서 그럴 것이다.

우리 말과 글은 일반어와 존칭어로 구분되어 같은 뜻의 말이라도 상대에 따라서 선별적으로 사용해야만 되기에 일상에서 공부를 많이 하고 습관화 되어야 한다.

어느 날 마을의 어느 약국에서 약을 구입하였는데 젊은 약사가 "진지 잡수시고 약을 잡수세요" 하기에 "진지라는 말을 알아요? 젊은 사람들은 모르는 말인 줄 아는데요!" 하였더니 "부모님께서 엄하게 가르쳐주신 덕분에 알고 있습니다"는 말에 "예의 이전에 교양 있는 분이군요" 하였더니 많이 고마워하며 쌍화탕 하나를 주는 것 보고서 영업 마케팅도 아는 사람으로 기억하고 있으며 단골손님이 되기로 마음먹었다.

그 약사는 예의와 품격을 알기에 "자존감이 높을 거"라는 사실이고 "마음을 주고받는 것이 지혜이고 현명함"이라서 가심비에 의한 앞날이 밝을 수밖에 없을 것이라 본다.

동방예의지국이라서가 아니고 관습적이고 관행직으로 언행

으로 예의를 지켜야 인품과 성품을 인정받을 수 있어서 스스로가 옳고 바른말로 표현하여야 인격을 인정받고 대우받을 거라서 "필히 공부하고 학습하여야 한다"는 것을 강조한다.

일상에서 "너무"라는 말을 지나치게 남발하고 있으니 국립국어원에서 표준어 기준을 변경하더라는 사실이다.

원래 너무라는 말은 부정적인 말에만 쓰이는 거였고 긍정적인 말에 쓰면 안 맞는 것이었으나 국립국어원에서 "긍정이든 부정이든 어디나 써도 된다"로 표준어를 변경하였다.

너무라는 뜻은 "일정한 정도나 한계에 지나치게"라는 의미로 부정적인 서술어에만 어울려 사용할 수 있었으나 국민이 무분별하게 쓰이는 것에서 2015년에 국립국어원에서 "한계에 지나치게"를 "한계를 훨씬 넘어선 상태"로 뜻을 수정하면서 긍정적인 말에도 함께 써도 표준어로 인정하기로 하였다.

예를 들자면 변경 전에는 긍정적인 말 "너무 좋다, 너무 멋지다" 등으로는 맞지 않는 말이었으나 이제는 부정적인 말 "너무 싫다, 너무 멋없다" 등과 함께 써도 된다는 뜻이라서 전에 구별하여 쓰던 필자는 어색하게 느끼고 있다.

다음으로 젊은 세대들이 남발하는 말 중에 "진짜?"라는 말은 남이 하는 말에 부정적으로 되묻는 말이라서 "불신의 뜻이 되어 기분을 상하게 하는 거라서 써서는 안 된다"는 생각이다.

아마도 영어 문법에서 응용됐을 법한데 한글 문법에는 맞지 않기에 남이 하는 말끝에는 "그래?", "그렇군!" 등으로 긍정적인 말로 되물어야 상대가 고마워할 것이라 본다.

같은 말이라도 상대를 기분 좋게 하는 것이 좋지, 기분 상하게 하면 손해로 되받게 된다는 말이다.

필자가 가장 거부감으로 보고 있는 사회 현상을 예로 들어보려 한다. 요식업장에서 종업원 중에 미혼의 젊은 여성을 부르는 호칭을 "언니야" 하고 부르는 사람들이 많은 것에 극한 거부감을 가지고 있다.

언니라고 부르는 이유가 "아가씨"라는 말이 접대 자로 천대하는 호칭으로 인식되고 있어서 "대우해 준다"는 생각으로 중년이든 노년이든 남성들까지도 딸이나 손녀뻘 되는 여성들에게 "언니"라는 호칭을 무자비하게 쓰는데 이러한 이유에서 쓰는 말이라면 머지않은 날에는 진짜 언니에게 언니라는 호칭을 쓰지 못하는 때가 올 거라는 것을 생각하면 한심스럽기까지 하다.

세월이 지나다 보면 언니라는 호칭이 요식업장에 접대자 부르는 말로 인식되어 진짜 언니에게 부르기가 부자연스럽게 될 날이 올 것이라는 사실이다.

그때 가서는 요식업장에 근무하는 여성에게 다시 "아가씨"라고 부를 수 있을까? 아이러니하다.

사실인즉 "아가씨"라는 어원은 높은 지위에 있는 사람의 딸이 미혼일 경우에 높여 이르거나 존중하는 말의 "아기씨"에서 "아가씨"로 변하여 유래되었기에 인격적으로 우대하는 말로 쓰이는 것인데 의식하지 못하고 무자비로 변질시켜 쓰고 있다는 사실에서 하는 말이다.

물론 현재의 용어가 애칭으로 부르는 말이라는 것을 몰라서 하는 말이 아니고 우리말을 함부로 왜곡되게 쓰고 있으니 외국인들이 우리나라에 와서 보면 자기들이 배운 말과는 너무나 다르게 쓰고 있다는 데서 이해할 수 없을 거라는 사실이고 우리가 우리 말을 사랑해도 부족할 것을 무너뜨리고 있다는 데서 부끄럽게 생각하고 시정해야 한다.

우리나라 말에는 남자가 부르는 호칭에 "형"이라는 말은 있어도 "언니"라는 말은 어디에도 없고 국어 대사전에도 없다. 반대급부 함의로 말하면 남자가 "언니"라는 호칭을 쓰면 그 사람은 여자라는 말이다. 젊은 여성에 "아가씨"라 부르면 감사히 생각할 일이다.

여기에 더하여 강조하고자 하는 존칭어는 예의이고 예우에 관한 말이라서 상대적 관계에 따라서 선별하여 쓰려고 노력해야 인격과 품격을 인정받을 수 있는데 의식 없이 쓰는 것에서 문제가 많다는 것이다.

존칭어 쓴다는 것이 물건에 쓰고 윗사람에 쓰는 말을 아랫사람에 써서 상대에게 모욕감을 갖도록 하는 경우도 있어서 하는 말이다.

때로는 존칭어 한마디 잘못 써서 불쾌감을 유발하여 불이익으로 돌아올 수도 있다는 사실에서 참으로 중요하다는 말이다.

그러니 외국 사람들이 "한국 사람이 한국말을 잘 모른다" 하는 것이다. 참으로 부끄러운지 알아야 선진문화가 형성된다.

소크라테스가 "성찰하지 않는 삶은 살 가치가 없다"고 한 말에서 반성하고 성찰하여 우리 말과 한글을 사랑하고 아끼어서 문화의 뿌리이고 근본을 튼튼하게 하면 우리 모두의 삶은 한층 보람 있고 자랑스럽게 살 수 있는 지적 재산이 된다.

필자는 요즈음 세상을 살아가며 급변하는 환경과 문화중에 소통 수단으로 하는 말과 글 중에서 글쓰기 비율이 급증하고 있다는 것에 한글 창제한 세종대왕이 얼마나 감사하고 존경스러운지 모르겠고 매일 쓰고 있다는 데서 사명감과 소명 의식을 높여야 존경하는 것이라는 책임 의식이 높아지고 있다.

20여 년 전 20세기에는 소통하려면 만나거나 전화로 말(언어)에 의하고 글쓰기는 편지나 업무상 보존물에 주로 쓰였으나 요즈음은 일상에서 단체나 개인 간에도 소통하려면 스마트폰에 글쓰기가 보편화되었고 생활에서 중요한 가치로 높아지고 있다는 것에서 옳고 바르게 쓰려고 노력하는 것은 자기 사랑이 된다는 사실이다.

문법에 준하지 않고 편한 생각으로 마구잡이로 쓰면 상대에게 불신받고 오해받아서 감정을 유발할 수 있다는 것이다.

무분별하게 생기는 수많은 신조어가 지나치게 난무하고 있는 것을 따라서 배우고 알려는 것에는 한계가 있고 낱말을 많이 알려 하는 것도 중요하지만 기초적이고 기본적인 문법에 맞춰 받침과 띄어쓰기는 필수적이고 절대적으로 틀리지 않게 쓰려고 공부하고 노력하여야 받아보고 이해할 사람과 오해나 감정이 생기지 않게 소통할 책임은 글을 쓰는 사람에게 절대적으로 있고, 받아 읽어보는 사람은 다음으로 의무적 독해력이 있어야 하기에 부차적 책임이 있다는 데서 모두가 글쓰기 공부에 게을리 하면 인생 낙오자가 될 거라는 각성이 있어야 한다고 본다.

그래서 중요한 일로 소통하려면 만나거나 전화로 말에 의하여 소통하는 것이 현명한 것이지 글씨로 하는 것에는 표현의 한계가 있어 오해가 발생할 수 있으니 조심할 필요가 있더라는 사실이다.

글씨에는 같은 한글이라도 한자어에 따라서 해석이 다를 수 있어서 한자어를 알고 한글과 함께 써야 오독 하지 않기에 한자 공부도 부수적으로 배워야 정확한 이해력과 해독되기에 글씨로 소통하는 방식에는 주의하여야 한다.

필자는 학창 시절에 한자 공부를 할 기회가 없었기에 이제라도 배우려 노력하고 있다.

　그리고 말과 글씨를 짧고 간단한 표현으로 소통하려면 사자성어와 고사성어를 하면 되는데 누구나 알아야 가능한 것이라서 한계가 있어 보이므로 많이 배우려 하면 수준 높은 지식으로 인격이 되기도 하기에 배우려 하면 세상도 더 많이 보일 것으로 본다.

　여기에 수준 높은 소통에는 말과 글 속에 언중유골(言中有骨:말속에 속뜻이 있다)이라고 함의적 말이나 비유적 말을 새겨들을 줄 알아야지 직설적으로만 받아들이면 오해로 인하여 소통되지 않기에 많이 배우려 해야 한다.

　필자는 무식한 편이라서 글쓰기 하면서 제일 어려운 것이 띄어쓰기이고 받침을 혼동하는 경우가 있어서 많이 반성하고 있으며 회고록 써서 출판사 사장에게 "나는 글 쓰는 전문가가 아니니 검토하여 완벽한 책을 만들어 달라" 했더니 "자신은 작가이며 출판사 20여 년 했지만 100%짜리 책은 못 한다"며 글쓰기의 어려움을 말하는 것 듣고서 나의 부족한 상식으로 "완벽한 책을 요구했던 것을 미안하게 생각했던 경험"에 의하면 "나는 무식하므로 한글과 말의 수준 높이기에 꾸준히 공부하겠다"는 각성과 반성이 있어야 한글 창제한 세종대왕에 대한 존경심이고 자존감을 높일 수 있다.

　그러한 마음에서 자신에 인격과 품격이 높아지면 지적 재산되어 물적 재산 이루는 데 도움된다.

　과이불개(過而不改)라는 말은 "잘못한 것 알고서 고치지 않는 것"이란 말인데 공자는 "잘못을 알고도 고치려 하지 않는 것이 더 나쁘다" 했다.

　인간은 실수와 실패 속에서 반성하고 뉘우치며 더 성숙 되고 더 좋은 내일을 이루려는 것으로 오늘의 부족함에서 아름다운 행복 지향이 행복이라 말하고 싶다.

　"부족한 것을 채우려는 노력이 행복이다" 한 플라톤의 행복론을 인용하여 한 말이다.

　그래서 "행복은 자신이 만든다" 한 것 같고 우리의 한글과 말을 사랑하는 지적 재산이 행복의 결과물로 돌아올 것이다.

　아름다운 우리 말과 한글을 옳고 바르게 쓰려는 것은 세종대왕에 대한 도리이고 존경심이며 애국심이라서 국격이 되고 인격이 되어 행복으로 귀결될 것이다.

"20세기는 글을 모르면 문맹인이라 하였고 21세기는 마음을 읽지 못하면 문맹인"이라는 말이 있으나 말과 글이 통하지 않는 말과 글을 무분별하게 양산하는 것은 문맹인 중 문맹인을 증산하는 결과로 소통이 되지 않는 사회적 문맹국이 될까 봐 걱정도 된다.

사회적 문맹국은 지적 재산이 부재하게 된다는 말이다.

필자가 보기에는 "국민들이 우리의 말과 글을 옳고 바르게 '하고, 쓰고' 하려는 노력이 부족하고 인식이 없다"는 데서 문제가 많고 심각하여 국격을 높이지 못하고 퇴보시키고 있다는 생각이다.

(2) 전통적 대중문화 사랑으로 선진문화 이루자

필자는 전통적 대중문화라 함을 "한나라의 국민 마음과 정신적 삶 속에 있는 정체성"이라 본다.

정체성이란 "변하지 않는 존재의 본질을 깨닫는 성질을 가진 독립적 존재"를 의미하는 거라서 우리나라만이 전통적으로 지켜온 문화를 지속가능 하도록 유지하려는 것이 자존심이라는 데서 창의성 있고 창발적으로 발전시켜야 선진화되고 글로벌화되어 경제 성장에 시너지 효과 되면 모든 국민에는 보람 있는 행복으로 돌아올 것이다.

"가장 한국적인 것이 가장 세계적"이라는 말에 의미를 두고 우리의 고유 전통문화를 발전시켜야 하지만 후진적이라는 소아적 발상으로 "지난 날에 선진국이었다"는 것만으로 "서양 문화를 무분별하게 사대주의적이고 사대사상으로 선호하고 있다"는 사실에 각성하는 것이 먼저여야 우리의 전통문화가 진일보할 거라고 보고 있다.

앞에서 제언한 "한글과 말은 두말할 것 없이 문화의 뿌리이고 근본"이라는 데서 어떠한 문화보다 최우선 하여 지키고 유지 발전시켜야 "다른 문화도 시너지 효과로 발전할 수 있다"는 사실이다.

우리의 생활문화에서 일상으로 멀리할 수 없는 유교로 총칭되는 공자의 유학 사상은 우리 민족이 전통적 관습으로 지키고 있는 예의와 윤리와 도덕심에 중추적 역할을 하기에 정확히 알고 바르게 살려는 자세가 자아실현(自我實現) 가치에 합리적으로 자존감 높이는 수단이기도 하다.

어느 소아과 의사의 말에 의하면 젊은 세대들의 자식 교육에는 부모의 권위를 지키고 유지하는 범주에서 자유로이 키워야 하는데 "문화 교육 없이 지식으로만 키워서 부모의 권위가 상실되고 있다"는 것이다.

지적 재산이 물적 재산을 형성한다

전통문화는 보고 듣고 하여 배우는 것인데 학교와 학원에서 지식만 배우고 문화 교육이 없는데 젊은 부모들은 친구같이 키우는 것이 최고인 줄 알고 부모로서 권위를 버리고 있기에 노년이 되고는 자식으로부터 무시 받고 인정도 못 받아 불행을 자초하고 있다는 것이다.

서양 문화는 서구사회 것이지 우리 것이 아니라는 사실에서 우리 것을 중심에 놓고 창의적으로 우리 문화 가치를 높이려는 것이 자존심이고 일상의 삶에 가치를 향상시킬 수 있다고 본다.

서양 것에 사대주의적이고 사대사상으로 우리의 문화를 무시하거나 배척하려는 것은 우리의 생활 환경을 무질서하게 할 수 있기에 개념 없이 서양 문화를 선호하는 행위는 절대로 안 된다는 생각이다.

실생활을 생산성 있고 경쟁력 있게 살려 한다면 우리에게 익숙한 전통문화를 글로벌 기준과 표준으로 확립할 때 글로벌 시장에서 앞서갈 수 있다는 것에서 인내심으로 지속적인 노력을 하면 되지 말라는 법도 없다.

K 콘텐츠 오징어 게임(드라마)이 글로벌 시장을 점령한 것도 가장 한국적이라서 가장 세계적으로 인정받고 인류가 환호하는 것에서 자존심 지키도록 하면 "문화의 선구자가 될 수 있다"는 실증이다.

신토불이(身土不二:몸과 땅은 둘이 아니고 하나다)는 식생활뿐 아니라 생활문화도 신토불이가 가장 한국적이라서 가장 세계적일 것이다.

지난날을 반추해보면 옛날에는 사람들에 정서적 문화가 있었고 지식이 부족했는데 요즈음 젊은이들에는 지식은 많아도 정서적 문화가 없다는 것이다.

전통적 고유문화는 선배로부터 배우는 것인데 사회적 현상으로 배우는 기회가 없고 공부로 지식만을 쌓기에 단절된 문화로 자식을 지식으로만 키우려 하기에 "잘못된 사람으로 만든다"는 것이다.

그래서 자식들은 "자존감 없이 아집과 독선의 이기주의자"로 자랄 수밖에 없다는 사실이다.

전통 문화가 무너지면 나라의 질서가 무너지고 정체성이 무너지어 인간성이 무너진다는 것인데 우리나라의 현재가 그러한 전 단계로 보이는 것이 "리더자 급인 정치인들에서 목도 할 수 있다"는 것이다.

인생사는 "해보지도 않고 못 한다"는 절망감이나 자포자기하는 것에서 이룰 수 있는 것은 아무것도 없다.

정신일도 하사불성(精神一到 何事不成:정신을 한 곳에 모으면 어떠한 일도 못 이룰 것이 없다)이라고 "하고자 하는 의지만 있다"면 글로벌 시장에서 못할 것이 없다고 본다.

어느 경제인이 한 말과 같이 "세계는 넓고 할 일은 많다"는 정신으로 하고자 하면 경제 대국뿐 아니라 선진문화가 되며 명실공히 문화 선진국이 될 수 있다고 본다.

우리의 전통적 사회문화는 인간에 성품을 근본으로 하는 인성이라서 남에게 부당한 피해와 손해를 끼치지 않으려 하며 염치없이 해롭게 하는 것을 부끄러움으로 알고 수오지심(羞惡之心)을 중시하였으나 요즈음은 서양 문화가 급속히 침투하며 비인간적(동물적)으로 이윤과 이득에만 우선하는 험악한 세상이 되고 있어 삶에 의미를 잃거나 찾기 힘들게 되고 있다는 현실이다.

"염치"라는 것은 양심에서 비롯되기에 내면(內面)을 들여다볼 수 있고 "체면"이라는 것은 부끄러움을 아느냐는 것으로 외면(外面)을 엿볼 수 있어서 염치 있고 체면을 지키려는 것이 인격(人格)이기에 서구사회의 서양 문화를 개념 없이 선호하는 몰염치로 인격 잃는 언행은 자제함이 자아 사랑이다.

인간은 누구나 부당하게 피해받거나 손해 보는 것을 제일 싫어하는 것이 인지상정(人之常情:사람이라면 누구나 가지는 보통의 인정人情 또는 생각)이라는 데서 무분별한 서양 문화 선호하는 작금의 현실로 우리의 정신적 문화가 파기되어 무질서하면 "모두가 피해자 된다"는 것에서 "각성할 필요가 있다"고 본다.

그러한 면에서 우리의 사회적 전통문화를 발전시켜 글로벌화 하면 "세상사가 더 바람직하고 보람있게 사는 문화의 초석이 되지 않을까" 하는 바람에서 주창하는 것이다.

그렇게 되는 것이 마중물 역할 되어 K 문화로 총칭되는 K 팝 뿐 아니라 트로트, 국악, 연극, 영화 등 대중 예술이 더욱더 발전 되어 글로벌 시장에서도 개성 있게 발전할 것이고 우리의 한복 도 활동적으로 개량하여 실용성으로 입을 수 있게 만들어 글로 벌 시장에 보급하면 국가 위상도 높아질 것이라서 우리의 전통 문화가 함께 발전할 수 있는 시너지 효과가 있을 것이라 본다.

다시 한번 강조하는데 "자포자기(自暴自棄:자신을 스스로 해치고 버린 다)는 패자의 원인이고 패자들의 이유"이기도 하다는 것을 명심 할 것을 기대한다.

방탄소년단(BTS)이 글로벌 시장에 도전하지 않고 자포자기했 다면 오늘날에 국제 스타가 될 수 없었을 것이고, 도전한 결과 로 국가 브랜드 가치(국가 위상)를 높이는 애국자가 되었다는 사 실에서 우리의 대중문화를 글로벌화하는 것이 지적 재산이라는 것으로 인식하면 국격을 높이는 첩경이 되기도 한다는 말이다.

방탄소년단이 국가 홍보대사 격으로 무역 수지에도 지대한 역할을 하였을 것이다.

이러한 국가적 지적 재산이 국가 경제 성장(물적 재산)에 기여도가 크다는 사실을 인식할 때 대중문화 발전이 진일보할 것이다.

필자가 보기에는 삶의 지표를 찾으려는 철학적 교훈을 서양의 소크라테스나 탈무드의 솔로몬 왕에 대하여는 경의스럽게 받아들이면서도 동양의 철학자요 사상가인 만세의 사표(萬世) 공자(孔子)나 맹자(孟子)가 한 철학적 말에는 시큰둥한 표정들에서 자존심 없는 행위인 것 같고 우리의 고유한 전통적 문화를 경시하는 것이라서 문제가 많다고 본다.

우리 것을 우리가 사랑하지 않으면 남들이 우리 것을 사랑해주지 않는다는 것은 지극히 당연한 상식이다.

지난날에 우리의 원전을 "위험하다"하며 탈원전하면서 외국에 원전 수출하려 했던 오류는 자가당착(自家撞着:같은 사람의 말이나 행동이 앞뒤가 서로 맞지 않고 모순됨)이었다는 예를 들어보자면 "식당 주인이 '위생적으로 불량하다'며 자기 식당 밥 먹지 않고는 남들에는 '자기 식당 밥 맛있다'며 팔아달라는 격"이라서 식당은 망할 수밖에 없을 것이 당연하다는 사실로 비유해보면 우리의 전통문화를 사랑하는 것이 애국심이고 자아 사랑이라는 것이다.

즉, 내 것(전통적 한국문화)을 사랑하지 않으면 타국에서는 무시하고 외면할 것이 지극히 당연한 것이라서, 클래식, 재즈, 팝 등 서구 음악은 수준 높고, 트로트, 국악 등 우리 전통 음악은 수준

낮게 치부하는 것은 자존심 없는 사대주의 사상으로 알고 장르만 다르다는 사실에서 좋고 나쁜 것이 아니므로 우리가 우리 음악을 사랑해야 선진문화로 인정받을 것이다.

인류 사회는 남의 것 흉내 내고 따라가면 잘돼야 2등이고 "영원한 아류로 살겠다"는 것으로 "1등만이 세상을 선도하고 지배할 수 있다"는 것을 명심하여야 명실공히 선진문화 강국이 된다고 본다.

명실공히 선진국 되면 최악의 인구절벽 국가로 전락하는 현실을 벗어나도록 출생률이 증대되거나 외국 인재들이 몰려드는 매력 국가가 되어 살기 좋은 복지 국가로 "대한민국"이란 국호(國號)가 자랑스럽게 유지될 것이다.

이것이 "지적 재산에 의하여 물적 재산이 이루어진다"는 것이라서 희망으로 끝나지 않고 현실이 되기를 기대한다.
우리의 전통문화 사랑은 국격을 높이는 것으로 모든 국민의 "자아 사랑이 된다"는 것이다.

II

물적 재산
物的 財産

우리 인간들은 주어진 삶에서 생명을 유지하고 지키려면 "먹고 살기 위한 수단으로 동물적 범주를 벗어날 수 없다"는 사실이다.

　원초적이고 원색적이라고 치부할 수 있으나 생명 유지하려면 적자생존이란 원초적 범주에서 인간의 가치를 생각해보면 만물에 영장이라는 동물성 중에서 "인간"이란 명사를 사람이라는 고귀함으로 여기어 "사람답게 살기를 원하고 지향하는 것"이라 본다.

　그리하여 먹고 살려는 자체를 고귀하게 벌어 고귀하게 먹고 살고자 하기에 "아름다운 행복을 최고의 목적과 목표로 삼고 살려"는 것이다.

　그러기 위하여 공부하고 학습하여 지적 재산 축적을 최고의

지적 재산이 물적 재산을 형성한다

덕목으로 알고 "아는 만큼 보인다"는 것에서 더 많이 배우고 알려 하는 것이고 "알아야 물적 재산 이룬다"는 것에서 생각해 보기로 하고 "경험에서 얻어지는 지식과 상식보다 더 소중한 스승은 없다"는 것으로 살아오며 겪어본 경험의 실사구시(實事求是)와 격물치지(格物致知)로 논하고자 한다.

여기에서 필자는 학문이나 학술적으로는 무식하기에 내 부족한 삶일지라도 현실에서 체험한 범주에서 자의(自意)와 철학으로 하는 글이기에 이해심으로 받아주기를 기대하며 용기를 내려 합니다.

요즈음 세상은 욕심이 지나치게 탐욕되고 왜곡되어 가고 있어서 수단 방법 가리지 않고 눈앞의 이득만 노리는 동물적 약육강식(弱肉强食:약한 자가 강한 자에게 먹힌다는 뜻으로 강한 자가 약한 자를 희생시켜서 번영한다) 사회가 되고 있다는 회의감에서 마지막 여정까지 보람되고 행복한 삶이 지속 가능 하려면 무엇이 진정이고 정의인지 반성과 성찰의 시간을 갖고 성의정심(誠意正心)을 지향하고자 한다.

인간의 본성이라 할지라도 고귀하게 살려면 지적 재산에 의한 물적 재산 이루는 것을 인생의 최우선 과제로 놓고 생각하지 않을 수 없기에 직업과 직장생활을 삶의 가치에서 최우선시하여 생각해 보기로 한다.

노파심으로 덧붙이고 싶은 말은 "권력은 물적 재산에 불과하다"는 거다.

"화무십일홍 권불십년(花無十日紅 權不十年:권력은 십 년을 못 가고 활짝 핀 꽃도 열흘을 가지 못한다)"이라는 말과 같이 자리에 앉아있는 동안에만 행사할 수 있는 제한된 재산이고 쓰고 나면 소멸되는 재산이라서 "권력은 한도 된 물적 재산"의 범주라는 필자의 생각이고 격물치지로 하는 말이다.

권력을 무소불위(無所不爲:하지 못할 일이 없음)로 부리던 권력자의 끝이 좋지 않아서 불행하고 국민의 지탄받는 것 보고서 느끼고 배운 것이다.

권력을 오만하고 교만하게 남용하면 멸시와 질시를 받을 것이고 수기치인(修己治人:스스로 수양하고 세상을 다스린다)의 덕목으로 재물과는 멀리하면 역사적 평가로 존경의 대상이 된다.

사람은 일평생에서 지적, 물적 재산이 근본을 이루기에 상호 시너지 효과로 행복 지향하려는 것이 사람의 가치성이다.

1.
직업과 직장 선택은
인생 좌표의 초석 된다

직업이란 "생존전략이라는 말과도 같다"고 본다.

누구도 "직업 없이 살 수 있는 사람은 없다"는 것에서 직업 선택을 위한 공부를 2~30년씩 하는 것은 평생을 좀 더 고귀하게 살려는 목적에서 치열한 경쟁으로 명문대의 명문 학과에 가려고 청소년 성장기에 모든 열정을 다하여 매진하는 것이다.

필자가 살아본 경험에서 주장하는 말은 "좋아하는 일을 하면 최고"라는 말을 많이 하고 회자 되고 있으나 "좋아하며 잘할 수 있는 직업 선택이 성공할 수 있는 직업이 된다"는 말을 강조하고자 한다.

"좋아하는 일을 하면 열심히 하고 열정으로 하겠다"는 동기부여를 주기에 중요하다는 것을 부정할 수 없으나 "잘할 수 있다"

는 것과는 다르기에 "목적하는 것을 성공으로 보장하지 못한 다"는 사실이다.

직업이란 일에는 사람마다 재능이 다르고 적성이 다르기에 본능적으로 성과지수가 천차만별(千差萬別)로 나타날 수 있기에 본인에 최적화할 수 있는 직업을 찾으려는 노력이 실사구시적 (實事求是的) 학습으로 이루어져야 후회 없는 직업 선택이 될 수 있 다고 본다.

예를 들자면 프로야구 선수와 프로축구선수는 애당초에 누구 나가 좋아하는 것이라서 선택한 직업이겠지만 적성과 재능의 차이로 차등이 생겨 천차만별이 되기에 적합지 않은 사람이 같 은 수준이 되려면 의지력과 노력의 척도가 달라야 하지만 쉽지 않다는 것이고 적성과 재능이 맞는 사람은 같은 노력으로 앞서 가는 것이 당연한 것이라는 데는 "경쟁력이 높아서 우월한 직업 으로 성공할 수 있다"는 말이다.

"마음과 생각으로 좋아하는 것과 적성과 재능지수로 잘할 수 있다"는 것과는 다르다는 사실이다.

여기에 더하여 중요한 현실을 지적하고자 하는 것은 "예술인 이나 체육인이 스타로 성공하여 명성을 얻으면 부화뇌동(附和雷 同:자신의 뚜렷한 소신 없이 그저 남이 하는 대로 따라 한다) 하여 개념 없이 따라서 선택하는 직업은 실패할 확률이 높다"는 사실을 강조하 고 싶다.

남이 성공하여 글로벌 스타가 되었다면 "잘할 수 있는 것을 좋아하고 선택한 사람만이 누릴 수 있는 특권"이라는 증표이고 남모르는 피땀을 흘리는 인내심과 노력이 있었을 것을 간과하고 눈에 보이는 화려함을 보고서 따라가려는 것은 "실패의 근원이 될 수 있다"는 것을 명심하여야 한다.

눈에 보이는 것이 전부가 아니고 저변에 있는 "고뇌와 고통까지 파악하고 극복할 수 있다"는 자신감이 전제된 후에 선택하여야 실수 없고 실패 없는 직업을 선택할 수 있다.

세상을 살아가려면 "자신의 장단점을 먼저 알고 마음을 읽어야 남에 마음 읽을 수 있어 승자가 된다"는 선승구전(先勝求戰)의 자세로 직업을 선택하여야 후회 없이 바람직한 직업이 될 거라 본다.

취미는 즐거움이 목적이지만 직업은 먹고 사는 생존전략이라서 생산성과 경쟁력이 전제되어야 적자생존(適者生存) 사회에서 진화하여 선도자가 될 수 있다.

필자가 선택한 건축직에서 설계는 적성에 맞지 않아서 시공하는 건설회사에 취업하여 현장 시공 직 기사(사원)로 시작하여 3년 만에 현장소장 직책을 명받아 급성장하는 행운의 기회도 재능을 선점하려는 과정이 있었기에 가능했다.

"행운은 준비한 자에게만 찾아오는 특권"이라 하였으니 급성장의 행운은 건축시공직의 적성이 선천적으로 준비되었던 것 같다.

자신이 잘 할 수 있는 직종과 업종 중에도 그 시절보다는 미래사회와 미래세대까지 먹거리로 우선하는 직종과 업종을 선택하여야 자신의 실력과 능력 이상으로 시너지 효과가 발생 되어 효율성 높은 결과가 된다.

한 번 잡은 직업은 6~70년의 기나긴 세월에서도 필요로 하는 것이 되어야지 사양 산업이 될 것은 피하는 것이 지혜라는 뜻이다.

참고로 "과학은 인류의 업이고 기술은 국가의 업"이라서 "기술이 국가의 경제이고 안보이며 민생이라서 기술자가 우대받는 사회적 문화가 지속되고 유지될 거라는 것"을 알고 후세대의 직업 선택 교육에도 참고할 필요가 있다고 본다.

필자가 사회에 진출할 때는 경제 성장이 급발전하여 건설공사가 산업현장뿐 아니라 주거 문화가 아파트로 전환될 때라서 건설이 대세였기에 활황으로 호황도 될 때라서 건축 기술자가 시대의 대세였기에 남보다 조금만 더 열정으로 노력하면 사업주의 성과주의에 부합될 수 있어서 대가로 승진의 혜택을 받을 수 있었던 시절이었다.

필자는 대리급 소장으로 명받고 첫 현장에서 뛰어난 실적을 올렸더니 1년 만에 과장이란 직급을 뛰어넘어 차장 직급으로 승진하고 3개 현장의 소장직을 끝내고 사우디아라비아 알루카이 현장의 부소장직을 30세에 하였고 사원으로 입사 후 5년 만에 30세에 부장으로 승진하는 행운아였으나 임원인 이사로의 승진은 9년 후 39세에 하면서도 심사에서 "나이가 적고 스펙이 부족하다"는 이유로 갑론을박이 있었다는 것이나 회장께서 실력과 능력만을 인정하여 명문대 출신 선배를 제치고 승진의 기회를 얻을 수 있었다는 것도 행운이라 할 수 있다.

"운이란 준비된 사람에만 주어지는 것"이란 말을 강조할 수 있는 필자의 경험이고 지난날에 여러 번 터득한 격물치지이기도 하다.

"행운이었다"는 말은 겸손이란 뜻에서 할 수 있으나 나 스스로 뒤돌아 생각하면 "그 시절을 반복하여 살려 하면 다시는 못할 것 같은 고통과 고난의 세월이었다"는 것에서 현재의 여유로운 생활로 보상받고 있다는 것에서 만족하고 있다.

오죽하면 신혼 초에 아내가 "당신은 회사와 결혼한 사람이지 자기와 결혼하지 않았다" 할 정도였겠나 싶다.

별 보고 출근하여 별 보고 퇴근하고 월 1~2일 쉬는 날에는 자식들과 놀아주기도 부족하였기에 내 자식들은 불만이 많았다는 것을 뒤늦은 나이에 알고 미안한 마음에서 성찰을 하였다.

아마도 그렇게 준비된 인생이라서 동년배보다 10여 년을 앞서가는 인생이었다고 염치없는 자랑을 하고 싶다.

어떠한 일을 하더라도 "과거와 현재가 없는 미래는 없다"는 것이 온고지신(溫故知新:옛것을 익히고 그것을 미루어서 새것을 앎)의 뜻으로 알고 경험을 창의적 발상으로 역동적일 때에 경쟁력이 생기여 선도자가 되고 지배자가 될 수 있다는 것이다.

"생각 없이 사는 대로 살면 언제나 2류이고 아류로 살 수밖에 없다"는 것이 이치이고 진리라는 것이다.

모든 경제는 미래가치와 미래 리스크관리를 "미래지향적이며 유비무환으로 어떻게 하느냐"로 판가름 나는 것과 같이 "직업 선택도 미래지향적이어야 한다"는 것이다.

직업을 원하는 것(하고 싶은 일)과 해야 하는 것(현실과 미래지향)은 다르다. 그래서 "해야 하는 것 중에서 원하는 것을 하는 것"이 성공 비결이다.

남이 하는 것 보고서 "운으로 돈을 벌려는 것은 운으로 망한다"는 함의가 되기에 배우고 학습하여 준비된 실력으로 해야 하는 것 중에 원하는 것을 하여야 성공의 운이 보장된다.

현실을 역설적으로 보자면 필자의 직업인 건축 시공직이 내 젊은 시절에는 힘들고 위험해도 상대적으로 월급이 많았고 기

지적 재산이 물적 재산을 형성한다

능직들을 지휘통솔 하는 것이라서 인기가 많았고 기피 하는 업종은 아니었으나 현재는 3D 업종으로 힘들고(Difficult), 더럽고(Dirty), 위험(Dangerous)하다는 이유로 인기가 없고 기능직의 인력난이 심화되고 있다는 사실에서 기피업종이 되고 있다는 사실이다.

미래 업종은 "사람답게 살자"는 개인주의가 우선하는 업종이 많기에 굳이 3D 업종을 선택하려 하지를 않는다는 것이다.

직업에서도 격세지감(隔世之感:다른 세대를 만난 것처럼 몹시 달라진 느낌)을 느끼고 있다는 사실이다.

급변하는 글로벌 세상에서 근시안적(近視眼的:앞날에 일어날 사물 전체를 보지 못하고 눈앞에 부분적 현상에만 사로잡힘)으로만 직업 선택하지 말고 거국적(擧國的:온 나라에서 국민이 모두 하는 것)으로 미래를 보는 혜안으로 선택하여 한평생 직업을 향유 할 수 있어서 건강관리가 수반되면 아름다운 행복까지 얻어 금상첨화(錦上添花:좋은 일에 또 좋은 일이 더하여짐)의 직업이 될 것이니 모두가 그렇게 되기를 기원해 본다.

인간은 본질적으로 직업 속에서 자유와 행복을 지향하며 성장으로 성공을 위한 무한 경쟁 속에서 발전하는 운명을 갖고 있기에 경쟁을 피할 수 없다.

무한 경쟁은 시간적 길이만 뜻하지 않고 상대적 공간도 무한이다.

경쟁은 이기적 보다 선의적이어야 보람있게 승화되어 사랑의 경쟁이 되면 평화 속에 자유와 행복을 보장하는 발전으로 성공하는 인생이 된다.

경쟁이 없는 곳에서 살고 싶은 것은 본능일 수 있으나 그럴 수 없기에 즐기며 살아야 한다.

영국의 철학자 존 스튜어트 밀이 "피할 수 없으면 즐기며 자유롭게 살아라" 한 말에 의미를 두고 경쟁을 즐기며 살면 성공하는 인생이 되리라 본다.

선의의 경쟁에서도 필히 송무백열(松茂栢悅:친구가 잘됨을 좋아하면 자기도 잘된다)의 마음을 가슴에 담고 경쟁하면 즐거움이 시너지 되어 나날이 행복할 것이다.

2.
직장은 애사심이
자아 사랑이다

    누구나 소속된 집단이나 단체를 사랑하는 사람만이 "열정으로 열심히 하겠다"는 동기부여가 되어 소명 의식과 사명감이 창의적이고 창발적으로 성과를 이룰 수 있어서 성취도가 높아짐으로 회사에서 기여도에 따른 성과급이 있게 마련이라 자기 사랑이 된다는 것이 개념 있는 직장관이다.

    사랑하는 마음에는 관심에 따른 열정이 있으나 미워하는 마음에는 반감으로 근무 태만이 수반되어 성과가 있을 수 없으니 고과 점수를 좋게 받을 수 없다는 결과물로 자신을 미워하는 것과 같은 자승자박(自繩自縛)이 된다는 것은 진리라는 말이다.

    수처작주(隨處作主:어느 곳이든 가는 곳마다 주인이 된다)라고 주인의식을 갖는 것이 애사심이다. 즉, 회사를 사랑하는 것은 "이타적 자아 사랑이 된다"는 말이다.

애사심이 없으면 열심히 하는 척만 하지 열심히 하지를 않기에 성과가 있을 수 없다는 것이 자명하여 회사와 자신에도 피해와 손해로 돌아오게 되어 있다.

직업을 선택하는 것은 본능이지만 직장을 선택하는 것은 본성이라서 자신에 마음을 정확히 읽어야 마인드컨트롤 하여 보람 있는 직장생활을 할 수 있다.

요즈음에는 평생직장이란 없는데 무슨 애사심이냐고 하는 사람도 있겠으나 하루를 근무하더라도 애사심이 자기 사랑의 동기부여가 된다는 것이 인성이라서 만남의 인연을 유종의 미로 끝내면 인적 재산으로 돌아올 수 있다는 사실이다.

만약에 회사의 주인도 아닌데 왜 주인의식이냐 묻는다면 "회사의 주인이 되라는 게 아니고 자신이 맡은 일의 주인이 되라는 뜻"이라는 말이고 일을 통해 월급만 취하는 게 아니고 하는 일에 주인의식으로 하면 "자신의 새로운 경험과 통찰도 쌓이어 발전과 성장이 되어 다른 사람의 스킬도 배워서 긴 세월에서 모든 것이 자기 것이 된다"는 것이다.

이것이 목표와 뜻이 있으면 "환경을 지배하라"는 말이고 환경을 지배하지 못하면 퇴보하고 낙오자가 되기 때문이다.

우리 속담에 "그 물은 안 먹는다고 침 뱉고는 다시 먹는 법이다"는 말과 같이 필자가 살아보니 지난날에 인연이었던 사람에 친한 지인이 나에도 인연이 되는 경우를 많이 보았기에 죄짓고는 못살 것 같았고 서로가 필요로 할 수도 있다는 사실이다.

당장은 손해인 듯하여도 좋은 이미지를 놓고 떠나면 보험성 인연으로 몇 배로 커다란 재산이 될 수도 있고 열정과 열성의 산물은 신뢰성의 지적 재산으로 남게 되어 자아 사랑이 된다.

필자의 첫 직장은 건축설계 사무실이었으나 사업주의 무능으로 월급도 제때 못 받는 상태에서도 근무만은 열심과 열정으로 하였더니 건설회사 공채 시험 시에 같이 근무하던 대선배 되는 심재석이란 분이 도와줘서 무난히 입사할 수 있었던 경험이 있었기에 인연의 유종의 미를 격물치지로 하는 말이다.

프랑스 철학자 파스칼은 "생각하며 살아라, 그러지 않으면 하던 대로 산다" 하였다는 것은 어떠한 일과 업무를 하더라도 생각하고 창의성이 있어야 한다는 말이다.

무개념으로 하던 대로만 하면 발전이 없고 뒤처지게 되는 것은 자명하다. 다른 사람은 창의적이고 창발적으로 발전할 것이라서 주어지는 일을 시키는 대로만 하면 정체된 것이라서 상대적으로 후퇴하는 결과가 된다는 것을 모르면 바보라는 말이다.

"연봉이나 월급이 상대적으로 부족하다"는 생각은 자기만의 오판과 아집일 수 있다는 생각으로 치부하고 앞서가는 성과물을 창출하면 부수적으로 따라오는 성과급이 있거나 상위 직책으로 보상받을 수 있다는 사실이다.

사업자는 성과 있고 실력 있는 사람을 홀대할 수 없고 "자신에게 손해 되는 일을 절대로 하지 않으려 한다"는 것이 사업자의 본능적 개념이다.

사업자는 "인재 제일을 최고의 투자 가치로 인식하는 것"이 본성이고 본질의 경제 원칙이다.

일이나 업무로만 기준 하면 근로자가 공급자이고 사업주는 수급자라서 수요자(사업주)에 성과를 주면 공급자(근로자)에는 물적 재산으로 돌아오는 것이 이치다.

일의 수급자인 사용자(사업주)에 가성비가 됐던 가심비가 됐던 만족도를 주는 것은 일의 공급자인 근로자의 책임이고 자기(근로자) 사랑이 된다. 그것이 생산성이고 생산성 없는 업체는 존속될 수가 없다.

경제 원리는 "생산품이든 근로이든 공급자가 수요자에게 가성비와 가심비를 주어야 지속 가능한 물적 재산을 형성"할 수 있다.

사용자(근로 수급자)와 근로자(근로 공급자)는 상대적 개념이 아니라 공동체 정신으로 집사광익(集思廣益:여러 명의 의견을 모으면 이익이 커진다) 하려 하여야 지속 가능한 일자리가 보장되어 서로가 수입은 증대되고 대대손손 먹거리 일자리가 될 것이다. 이것이

ESG(환경, 사회, 지배구조) 정신에 부합된다고 본다.

자신의 업무에서 성취욕이 있어야 하고 "성취감이 높을수록 성과가 많다"는 것으로 고과 점수가 높아질 것이라서 자신에는 물적 재산이 된다.

필자는 직장생활 하는 동안에 월급이 적고 많고 에는 초연하게 괘념치 아니하고 "성취욕에 의한 승진에만 만족하였던 결과로 월급은 부수적으로 증대 되는 것"이란 사실을 터득하였고 월급 액수에 신경 쓰고 비교하는 사람은 주관적이라서 절대로 만족할 수 없으니 불만이 앞서게 되어 근무에는 태만하게 되는 악순환으로 승진할 수 없으니 결국에는 사직하여 추락하는 사람을 목도하였기에 반면교사로 하는 말이다.

그 사람은 명문대 출신이라는 것만으로 자만하고 스펙에 과신하는 오만으로 동료들에도 좋지 않은 관계로 형성되었으니 필자가 이사로 승진할 때 나에게는 대선배 급인데도 승진하지 못하고 불만스럽게 퇴사하여 타사에 갔으나 그곳에서도 잘되지 못하여 정년퇴직 후에도 어렵게 사는 것으로 알고 있다.

좋은 스펙이 "인생을 보장하지 않는다"는 사실이다. 스펙은 취업할 때까지만 특권을 누린다.

필자가 현장소장이란 직책을 하면서 "학습력의 고수가 세상을 지배한다"는 사실과 일근천하무난사(一勤天下無難事:부지런하면 어려움이 없다)의 참뜻을 가슴에 담고 "창의성과 창발성이 앞서가는 인생이 된다"는 사실을 터득하였다.

필자가 현장소장 시절에 창의성으로 성취감을 맛보았던 대표적 사례를 하나만 소개하려 한다.

여의도 63빌딩 옆에 콤비 빌딩(지하 5층, 지상 30층)을 탑다운 공법으로 국내 현장 중에 네 번째로 할 때 타사의 선행 현장에서 보고 배웠으나 더 효율적으로 하는 방법을 연구하여 공사 기간 단축과 공사비 절감을 하여 회장님의 극찬을 받고 성취감에 취했던 일이 있다.

그 현장 시공 중에 이사로 승진하여 본사 건축 담당 이사로 영전 입성하였으니 창의성이 결과였을 것으로 만족하고 있다.

솔직하게 말하자면 전기담당 과장이 공법 변경 의견을 제의하기에 연구 검토하여 창의성으로 실행할 수 있었다는 사실에는 "리더는 직원들의 창의력을 귀담아들을 줄 알아야 성과를 얻을 수 있다"는 것이다.

삼성 이병철 창업주가 여러 자식 중에 남의 말을 경청할 줄 아는 삼남 이건희 회장을 사업 승계자로 선택하여 글로벌 기업으로 성장시켰다는 일화에서도 "남의 말을 열심히 들을 줄 아는 사람의 창의성과 창발성이 세상을 선도한다"는 것에서 창의성

지적 재산이 물적 재산을 형성한다

이 승진으로 성취감을 얻으니 물적 재산은 부수적으로 따라 오더라는 사실도 터득하였다.

경청(傾聽:귀를 기울여 들음)한다는 말의 개념적 함의(含意:말이나 글 속에 어떠한 뜻이 들어 있음)는 배우려는 자세를 말하는 것으로, 듣고 보고(방송, 신문, 책 등) 배우려는 모든 것이 경청이란 뜻이 되기에 삶의 지혜이고 불치하문(不恥下問:자신보다 못한 사람에게 묻는 것을 부끄럽게 여기지 않는다)의 수단이고 자세로 품격을 높이려는 품성으로 자존감을 높이려는 것이다.

"경청한다"는 것은 세상을 적극적으로 성취욕이 전제된 것이고 품위와 품격을 높여 자존감을 높이려는 것이라서 "남보다 앞서가겠다"는 것으로 자존심이 없는 게 아니고 강하다는 것이다.

"웅변은 은이고 침묵은 금이란 말의 의미도 깊이 새겨볼 필요가 있다"고 본다. 지적 재산은 "배우겠다"는 경험의 산물이다.

탑다운 공법(Top-down-Method, 역타 공법)은 영국에서 개발되어 도입된 공법으로 알고 있는데, 일반적으로 건축 골조 공사는 터파기를 하여 기초 공사 한 후에 순차적으로 지하실 공사 끝내야 지상 공사하여 최상층 옥탑 공사를 하는 것인데, 탑다운 공법은 1층 바닥 공사를 제일 먼저 하고서 지하실 공사를 지하 1층부터 기초 공사까지 역순으로 하며 지상층 공사를 1층부터 동시에 병행하여 30층까지 올라가는 공법이라서 일반적으로 이해하기가 쉽지 않다. 필자는 "지하 1층 바닥을 제일 먼저 하면 공사 기간 단축과 공사비 절감할 수 있다"는 창의성으로 공정표를 작성한 후에 구조 기술사와 설계실에 자문을 얻어 과감하게 실행하여 좋은 결과를 얻었던 것이었다.

실행 전에 주변에서는 모험심이라며 만류도 있었으나 약 15년간 현장소장 한 경험으로 터득한 기술적 학습력으로 자신감 있게 실행한 결과물이었고 훗날에 인천의 건축 기술자 교육장에서 사례 발표하여 많은 찬사도 받았었다.

이러한 창의성과 창발성은 정신일도 하사불성(精神一到 何事不成: 정신을 한곳에 모으면 어떠한 일도 못 이룰 것이 없다) 이라고 모든 심혈을 기울여서 철저한 준비가 전제되어야만 가능한 것이다.

"의욕만으로는 실패할 수 있다"는 것도 간과해서는 안 된다.

앞서가는 사람의 것을 따라서 모방하면 영원한 2류이고 아류로 살겠다는 것이라서 보고 배운 것을 창의성으로 뛰어넘으려는 자세이어야 1류가 될 수 있어 선도자가 되고 지배자가 된다.

강조하건대 모든 일에는 "생각하며 살아라, 그렇지 않으면 사는 대로 생각하게 된다"는 사실을 알아야 능동적으로 일을 할 것이고 진취적으로 발전할 것이다.

세상은 "나로부터 시작하여 나로 귀착된다"는 것을 명심할 필요가 있다.

본인이 선택한 직업을 직장에서 "꿈을 이루려는 것"은 온전히

지적 재산이 물적 재산을 형성한다

자신의 책임이지 남 탓하면 "실패한 인생이 필연이 된다"는 사실이고 일상으로 하는 일과 업무도 자신에 거쳐 가는 모든 것은 이유 불문하고 자신의 책임감으로 수행하려는 소명 의식과 사명감이 자아 발전되는 것이지 감탄고토(甘呑苦吐:달면 삼키고 쓰면 뱉는다는 뜻)로 책임을 전가하는 사람은 사필귀정(事必歸正:모든 일은 반드시 바른길로 돌아감)으로 모든 책임이 부메랑 되어 자신에 운명으로 결과물이 될 것이다.

직장에는 옆과 위아래로 모두가 "치열한 경쟁을 펼치는 관계에서 자아실현 하려는 전장"이라는 각오가 투철하여야 자신의 업무에서 "책임 의식을 피하지 않아" 업무 성과로 돌아올 것이다.

누구나가 먹고 살기 위한 직업으로 일하기에 자신만의 철학이 있어야 하고 원칙과 철칙이 있어야 그 누구보다 경쟁력이 있어서 앞서가는 생산성을 이루어 인생을 보람되게 살 수 있을 것이다.

주어진 자신의 업무에서는 자기만의 장점과 특성이 있어야 사업주 입장에서는 필수 불가결한 수급자가 될 것이라서 전문적 학문으로 선택된 직업에서는 학습력으로 소신을 펼칠 수 있는 실력과 자질을 갖추어야 한다.

소신에는 객관적이고 합리적으로 누구나가 인정할 수 있는 범주에서 주관적이어야 공감을 얻고 인정도 받을 수 있는 것이지 옆이나 위아래에서 인정하지 않는 소신은 아집이거나 고집일 수 있어서 지나친 주장은 조심할 필요가 있다는 데는 필수적인 겸손과 배려심이 합리적이라는 것이다.

"오로지 자신의 생각만이 모든 게 옳고 바르다"는 생각은 공감대 형성이 되지 않아서 공동체 생활에서는 바람직하지 않고, 리더는 특히 조심할 필요가 있다.

필자가 직장생활 시에는 수직적 리더십의 환경이라서 하급자는 상급자에 소신 없이 부화뇌동하여 주관적이지 못하고 아부성으로 근무하는 사람도 있었으나 그런 사람에게는 중요한 일과 업무를 맡기지 않는 것이 당연지사(當然之事)였다.

상급자에게 소신이 지나치게 강하여 때와 장소를 구별하지 않거나 못하여 자랑스럽게 소신을 펼치면 상급자에는 자존심을 상하게 할 것이라서 금물이고 겸손한 자세로 하는 것이 자신을 위하는 지혜이다.

강조하자면 소신을 주관적으로 펼치는 것도 "이타적 자기 사랑으로 애사심이 전제되어야" 공감을 얻어 업무 성과도 높아지고 바람직하다는 것이다.

필자가 직장생활 시에는 수직적 리더십이었으나 현재의 환경은 수평적 리더십이 절대적이라서 공감성을 얻는 것이 필수적이라 공정과 정의가 사명감(使命感)이어야 한다.

리더는 인간의 품격이 전부라고 할 수 있다. 품격 없는 리더는 신뢰받지 못하니 만사에서 불신이 되기 때문이다. 신뢰는 사람다움이란 것으로 다른 사람을 사람으로 대하는 마음과 태도를 의미한다. 옆이든 위아래던 나를 위해 서비스를 제공하는 사람은 모두가 그 역시 사람이라는 마음을 가지고 대하는 사람에게서 사람다운 냄새 "인향(人香)"이 느껴지는 것은 자명하다.

인향이라는 것에는 인격적으로 사람을 사람답게 대하고 존중하는 것이라서 어떠한 직책을 수행하든지 간에 자부심으로 업무수행 할 마음을 갖도록 하는 것이다.

사장은 사장이 할 일을 하고 부장은 부장이 할 일을 하도록 하고 사원은 사원이 할 일을 하게 하여 사명감과 책임 의식이 있도록 하는 것이다.

사원이 하는 일이 마음에 안 든다고 부장이 하고 부장이 하는 일이 마음에 안 든다고 사장이 하면 하급자는 불신받는다는 소외감으로 자존감이 떨어지고 자존심 상하여 업무 열정이 없을 것이라서 회사에는 생산성이 떨어지게 될 것이다.

교육상 한 번은 상급자가 하더라도 두 번 이상 계속하여 하급자를 배제하면 비효율이 되고 비능률이 되므로 각자가 직분에 맞는 책임감과 의무감으로 하도록 하는 것이 인향(인격적)이라서 몇 배(직원 수만큼)로 효과적 생산성이 된다. 하급자에도 "고기를 잡아주지 말고 고기 잡는 방법"을 가르치는 것이 경영학이다.

인간의 삶이란 결함이 많은 자기와 끊임없이 싸우면서 성장하는 과정에서 발전하고 성공이란 행복을 누리는 것이다. 인간의 품격을 나타내는 가장 중요한 지표는 "겸손과 절제"라 한다.

인품을 갖춘 리더는 자신이 가지고 있는 권력과 재물과 직위 중에 어떠한 것도 "혼자 이룬 게 아니라 주변의 모든 사람 덕분"이라는 겸손한 마음을 가지고 스스로 자신에 엄격함으로 온갖 유혹으로부터 견물생심(見物生心:물건을 보면 가지고 싶은 욕심)에는 견득사의(見得思義:이득이 있으면 옳은 것인지 생각하라) 하여 자기를 통제하려는 춘풍추상(春風秋霜:남에게는 봄바람처럼 부드럽고, 자신에는 가을 서리같이 엄격히 한다)같이 하여야 한다.

요즈음 사회에서 상식과 공정 없이 인면수심(人面獸心:사람의 얼굴로 짐승 같이 행동한다)의 환경에는 "겸손과 절제"가 상실되어 생기는 필연이라서 국가나 사회의 귀감자가 보이지 않기에 젊은이들의 미래가 걱정된다.

지난날에 자칭 "바보 김수환 추기경" 같이 겸손과 절제된 사람을 볼 수 없는 현실로 반추해보면 리더의 덕목을 거시적으로 김수환 추기경을 타산지석(他山之石:남의 장점을 보고 배운다) 하면 좋겠다 싶다.

이것이 "자신을 이겨놓고 싸운다"는 선승구전(先勝求戰)이기도 한 것이다.

겸손과 절제 없는 유식함이나 유능함은 오만이거나 교만일 수 있다. 잘난 척하는 어용지식인들 말이다.

공적으로 상하 간에 "착하다"는 말에는 "무능하다"라는 말이 내포된 것이라서 자신의 권리로 부당한 침해는 받지 않으려는 것이 세상을 현명하게 살려는 지혜라서 도덕과 윤리와 예의 지키는 범위에서 착하게 살아야 생존할 수 있다. 물론 개인 간 사적 관계에서는 "착하다"는 말이 칭찬일 수 있다.

직장생활을 열정으로 회사와 가족에게 책임감 있게 소명 의식과 사명감으로 귀감스럽게 하여 은퇴 후 노년기를 생산성 있게 살아가려면 유비무환(有備無患:미리 준비가 되어 있으면 근심이 없다) 자세가 필수적이다.

직장생활에만 만족하여 노년기를 준비하지 않으면 젊음을 바치며 열심히 살아온 의미를 잃고 노년기의 생활이 불행할 수밖에 없다.

미래를 준비하는 사람에게만 주어지는 특권이다. 고령화 사회의 현실을 보면 직장생활을 멋지게 하였어도 노년기를 준비하지 않은 결과로 불행하여 "벌어야 노년 생활을 하거나 자식들에게서 도움받아야 살 수 있는 경우가 많다"는 사실이다.

직장생활 중에도 "수입금을 어떻게 관리하느냐"의 고민은 필수이기 전에 절대적이란 유비무환의 사고방식이 제2에 직장생활이란 말이다.

재테크에는 "안전을 최우선으로 하고 수익률은 부차적으로 하여야 실패가 없다"는 전제가 되어야 하며 과도한 수익률 욕심은 실패할 확률이 높기에 금기시해야 소탐대실(小貪大失)되지 않는다.

모든 투자에는 "마진보다 회전율이 먼저라야 실패 없다"는 것이다.

마중물(투자금)이 있어야 우물물(재산 증식)을 풀 수 있기에 "마중물을 지키려는 것(투자비)이 먼저라야 먹고 싶은 물(돈을 버는 것)을 마음껏 먹을 수 있다"는 개념이 중요하다는 것은 투자의 귀재 워런 버핏이 돈이 있어야 투자할 수 있으니 "투자에는 돈을 잃지 않으려는 것이 먼저이고 중요하다" 했다는 데서도 타산지석 할 수 있다.

필자는 직장생활 시에 월급의 50%는 저축을 먼저하고 나머지로 생활하는 원칙을 지키며 미래지향적으로 살면서 사업에 길을 준비 하였었다.

"쓰고 남는 돈으로 저축하겠다"는 것은 현실적이지 못하여 저축될 수 없다는 사실이다. 목적의식이 없다는 것은 실행력이 실종되기에 그렇다.

목적의식이 있다는 것은 미래지향적이란 말이다. 필자는 건축 전문직이라 기술적인 것에는 자신 있었으나 사업에는 경영이란 더 크고 중요한 명제가 있기에 주경야독으로 경영대학원 다니며 무지했던 경영학 수업을 하며 건설업 준비를 7년간 하고 44세에 퇴사하여 전원주택사업을 당시에는 기회 선점이라 보고 첫 투자 하여 성공리에 끝냈다.

사업에는 기회 선점이 중요하기에 전원주택사업을 선택한 이유가 그 당시 주거문화가 도시에서 전원생활로 변화하려는 사람이 증대되고 있는 시점이라서 새로운 업종이라는 생각에서 시작하여 기대에 부합되는 결과를 도출하였다.

직장생활은 일생에서 전반기라 할 수 있기에 후반기인 은퇴후 노년기를 준비하는 것은 지극히 당연하기에 회사에 피해 주지 않는 범위에서 미래를 준비하려는 것은 현명함이고 노년을 보람있게 살려는 필수이고 절대성이다.

자기 인생은 자기가 개척해야지 남들이 개척해 주려는 사람은 없기에 인생의 모든 책임은 자신에게 있다. 살아온 인생도 남 탓은 없다.

내 젊은 날에 직장생활 20여 년 하면서 미래지향적으로 노년을 준비하였기에 오늘날에 글을 쓰며 자신감으로 논할 수 있다는 사실이다.

인생은 "자신을 알아야 후회 없게 준비하여 미래를 향유 할 수 있다"는 것이다. 남의 물고기 탐내지 말고 잡아먹으라는 뜻.

직장도 그냥 다니는 대로만 다니면 현실 안주형이고 사색하며 생각하는 인생이 앞날을 보장받는다. 돈을 벌고자 하면 지피지기(知彼知己:적을 알고 나를 알아야 한다) 정신으로 사람의 마음을 읽고 사회 현상을 읽어야 실패하지 않는 인생이 된다.

요즈음 사회 현상은 옳고 그름 없이 극한 이기심으로 눈앞에 이익만을 추구하는 것을 지혜이고 현명함으로 착각하는 것 같은데 직장생활도 이익을 추구하려면 "성의정심(誠意正心)으로 옳게 살아야 진정한 자기 이익이 된다"는 것을 명심할 필요가 있다.

요즈음에 일부 정치인이 "도덕적일 필요 없다"고 하는 말에 아연실색(啞然失色:뜻밖의 일에 얼굴빛이 변할 정도로 놀람) 하였다.

도덕심은 국회의원의 선택사항이 아니고 사람으로서 지켜야 하는 근본이라서 "사람과 짐승과는 다르다"는 기준이란 함의가 있기에 지켜야 할 필수불가결한 것을 공공연하게 말하는 것은

"인간임을 포기하겠다"는 것이라서 놀랍기 전에 인간이 아니다 보았다.

윤리적이고 도덕심을 가지고 도리를 지키며 살려고 해도 부족하기에 채우고 지키며 살려고 노력하는 과정이 "인격이고 품격으로 행복하려는 것"을 "않겠다"는 것은 인면수심(人面獸心:사람의 얼굴을 하고 마음은 짐승과 같다)이라는 말이 만들어진 이유도 알 것 같고 "도덕심을 망각하면 세상만사 허사가 될 수 있다"는 것이다.

식탐이 지나쳐서 "먹을 것, 못 먹을 것" 구별하지 못하고 먹으면 배탈이 나듯이 돈도 받을 것 안 받을 것 구별하지 못하면 탈이 나는 것은 지극히 당연하여 인생길을 망칠 수 있다는 거다.

모든 세상만사가 같은 이치이다. 명심하고 살아야 한다.

필자는 "돈보다 중요한 것이 신뢰"라 생각하는 이유가 있다. 인류 사회에서 최고의 신용물이 "돈"이라는 것이라서 신뢰의 상징성으로 보면 돈의 가치가 신뢰라는 함의가 있기에 돈을 벌려면 신뢰심을 얻어야 한다.

신뢰라는 것이 없는 동물들에는 종잇조각에 불과한 돈(지폐)을 사람 간에는 서로가 신뢰하기에 돈의 가치를 값으로 계산하여 물적 재산 값으로 주고받는 것이다.

요는 사람의 가치도 신뢰성이 값이라 할 수 있기에 신뢰라는 지적 재산으로 물적 재산을 적토성산(積土成山:작거나 적은 것도 쌓이면 크게 되거나 많아짐) 할 수 있다는 말이다.

정신적 수준(지적 재산)이 낮으면 큰 재산(상속받거나 로또 복권으로 부자 됨)이 있어도 지키지 못할 것이다.

정신적으로 빈곤한 사람과 경제가치의 노예가 된 사람은 기업인으로 성공하지 못함을 역대 재벌가에서 많이 목도 하였다.

직업과 직장을 사랑하는 사람이 정신적 수준을 빈곤하게 하지는 않을 것이다.

이러한 지적 재산 가치가 가치 높은 물적 재산을 가져다주므로 아름다운 행복을 보장한다.

직업의 일상에서 가장 중요한 덕목은 지금 옆에 있는 사람을 제일 중요시하는 것이다. 옆에 있는 사람의 장단점을 모두 사랑하면 마음을 읽어서 반면교사와 타산지석으로 내 것이 된다.

3.
창업은 모험심의 준비로부터
결과물 된다

 창업이란, 돈을 벌기 위한 모험심으로 사회에 도전하는 행위로서 이윤을 추구하며 극대화하려는 것이 근본이라는 사실인데 "막연하게 돈을 벌겠다"는 욕심만 있으면 무모하고 무지한 것으로 실패가 필연이기에 철저한 사전 준비가 필수적이고 절대적이어야 한다.

 "투자의 이윤은 모험심의 대가"라는 말에서 반추해보면 모험심이 경영의 모든 것이라 할 수 있으나 투자의 원금을 잃지 않으려는 것이 더 중요하다.

 그렇기에 "모험을 준비 없이(지적 재산:경제 공부) 한다"는 것은 "실패를 필연으로 한다"는 사실이다.

자영업을 하든 소기업을 하든 창업 전에 기술과 경영에 관한 경험을 필수적으로 쌓고 시장을 읽고 공급자로서 수급자인 소비자들의 마음을 읽을 줄 알아야 마케팅 전략을 적절히 세워서 매출을 극대화하여야 이윤이 창출되고 지속 가능한 사업이나 영업이 될 거라는 말이다.

모험(투자)을 준비 없이 도전하는 것은 운동을 배우지 않고 연습도 없이 실전에 도전하는 것과 같고 창업 투자는 고객중심주의여야 함에도 옳지가 않다.

필자는 30대 후반에 생전 처음으로 스키장에 가서 배움도 연습도 없이 친구의 권유로 리프트 타고 올라가서 스키 타고 내려오며 수 없이 넘어지는 과정에서 종아리 인대가 손상되어 병원 치료를 받았던 경험에 의한 고생으로 터득한 생활철학이 "무모하고 무지한 도전은 실패뿐"이라는 교훈을 얻었다.

아마도 그 개념에서 필자가 직장 다닐 때부터 사업 준비로 경영대학원을 다니며 경영학을 주경야독으로 하였고 사업하면서도 경영학을 야독(夜讀) 하였다.

필자가 창업식을 첫 사업인 전원주택 홍보 겸 마케팅 전략으로 대형 뷔페식당에서 만찬을 베푸는 행사로 하였는데 찾아준 지인들이 하는 말이 "수백억과 수천억짜리 현장소장만 하고 건축 담당 임원을 하였으니 수십억짜리는 눈감고도 하겠다"는 격려와 축하의 말을 많이 하였으나 사실은 정답이 아니고 옳지도 않다는 사실이다.

　필자가 대기업에서 근무할 때는 시스템에 의한 전문 분야 건축과 전기와 설비와 토목의 범주에서 기술적인 것과 현장 관리만 하면 되었으나 창업으로 소기업을 하려니 토지 구입부터 공사하는 기술뿐 아니라 분양하는 영업과 홍보와 마케팅 전략 등 경영의 전반을 "흔한 말로 북 치고 장구 치는" 모든 것은 나 자신의 아이디어에서 시작되니 고뇌와 고통이 많고 대기업 근무 시보다 수십 배의 위기의식과 책임감이 크고 고달픈 나날을 극복하는 과정이었다.

　그야말로 흥망성쇠의 모든 책임이 내 것이라는 압박감과 고뇌와 고통을 나 스스로 헤쳐가야 하는 것이 사업 초기에는 "소명의식과 사명감이란 말로는 답이 되지 않더라"는 사실에는 "부양가족이 내 뒤에 있다"는 것이 "사업 목적의 동기부여"보다는 책임 의식이 크더라는 사실이다.

　필자의 경험에 의하면 창업은 젊은 날 가족에 대한 부담이 적을 때에 하여야 과감하고 진취적으로 하여 대성할 수 있지만, 대기업에 고위직으로 있다가 퇴직 후의 창업에는 부양가족에 대한 책임 의식이 크기에 보수적일 수밖에 없어 대성하기가 쉽지 않더라는 사실이고, 대기업에 근무 시 체질화된 환경적 문화가 "마음을 내려놓고 소기업만의 문화에 적응하기가 쉽지 않더라"는 사실에는 "체면을 지키려는 것을 자존심으로 착각하는 경향이 문제더라"는 사실이다.

결론적으로 퇴사 후 창업하려면 동일 업종과 동일 규모의 업체에서 실전으로 경험을 쌓는 과정이 있어야 보고 들었던 것 외에 저변의 실상을 터득하는 것이 필수적이란 말에는 현실 사회가 이론적 교과서 대로만 되지 않는다는 것이다.

경험보다 소중한 교훈은 없다는 사실이다.

실사구시(實事求是)로 직접 터득하여 "1등만이 존재하고 승자가 된다는 업종별 1등 주의가 성공한다"는 정신이 먼저여야 성공이 필연이 된다.

남이 하는 대로 따라 하고 모방하려는 것은 영원한 아류로 잘 돼야 2등으로 실패가 필연이 된다.

흔히들 "은퇴 후 노년기에 무엇을 할 것인가" 물으면 "식당이나 할까" 하는 말속에서 실패가 전제된 말이라는 거다. "○○이나 할까"라는 말에는 "목적의식이 없고 준비도 되지 않았다"는 무책임의 함의라서 무엇을 하든지 간에 실패가 필연일 것이 틀림없다는 것이다.

　　　　　지적 재산이 물적 재산을 형성한다

일상에서 먹는 것이 상시적이고 보편적이라 쉽고 가볍게 생각하는 경향이 있으나 사실은 누구나가 "먹는 것에는 특성과 전문성이 있다"는 사실을 간과하고 "식당이나 할까" 하는 말이겠으나 도리어 어느 업종보다도 전문성이 필요하기에 "철저한 준비가 있어야 할 수 있는" 업종이라는 사실을 모르는 것은 투자 개념이 없는 것이다.

식당 창업자는 소비자인 손님보다 더 앞서가는 전문성이 있어야 찾아주려는 호감을 유발할 수 있기에 어느 업종보다도 힘든 업종인데, 무지하게 무개념으로 쉽게 생각하는 자체가 실패를 자초하는 행위라는 것이다.

어떠한 업종이라도 공급자인 사업자는 수급자인 소비자보다 전문성이 있어야 찾아주는 손님으로부터 가심비(價心比)를 얻어 소득 증대를 보장받는다.

찾아주던 단골손님이 찾아주지 않으면 원인을 찾아 분석하여 반성과 성찰을 일일삼성(一日三省:하루에 세 번씩 자신의 행동을 반성함)으로 일상화하여야 지속 가능한 사업으로 성공이란 열매를 딸 수 있다.

모든 문제점이나 잘못은 "공급자에 있는 것이지 소비자에는 죄가 없다"는 인식과 정신이 사업 발전의 원동력이고 소비자 중심주의다.

필자는 일근천하무난사(一勤天下無難事:천하에 부지런하면 어려움이 없다)라는 말을 믿고 살았고 스스로 입증도 하였다. 어떠한 일을 하든지 자신의 노동은 공급자라는 사실이다.

직장에서는 사용자에 노동력을 공급하는 것이고 사업에서는 소비자에 근로와 가성비와 가심비를 제공하는 공급자라는 것이 소비자 중심주의라고 본다.

공급자는 언제나 "을"의 입장에서 서비스 정신이 있어야 만족하는 물적 재산을 돌려받는다.

공급자는 사용자나 소비자에 노동을 제공하여 마음을 사려는 것이 자신에는 소득으로 보상받는 것이고 삶에 가치 향상으로 자아 사랑을 이루는 것이다.

공급자의 노동력과 시간도 소비자(손님) 중심이어야 한다. 업종별 찾아주는 손님의 시간대가 다른데, 사업주 입장만 고려하여 영업시간을 정하는 것은 영업하지 않겠다는 것과 같다.

영업점의 오픈과 크로스 시간과 휴일을 일정하게 정하여 어떠한 경우라도 철저하게 지켜야지 공급자인 사업주 입장에서 탄력적으로 하면 찾아오는 손님에게 믿음을 주지 못하여 불신으로 신뢰를 잃게 되어 외면받게 되는 것을 내 건물 임차인에게서 목격하였기에 하는 말이다.

영업시간은 불특정 다수의 소비자와 무언의 약속이다. 약속을 어기는 것은 불신을 자초하여 신뢰를 잃게 되어 자신에 손해다. "약속"이란 말은 "지킨다"는 말이 전제된 것이라서 "지키지 않아도 된다"는 말은 "약속이란 말과 성립될 수 없다"는 것이 필자의 좌우명인 무신불립(無信不立)에 부합되는 정신이기도 하다.

필자는 어떠한 말이라도 "스스로 한 말에는 책임감으로 지켜야 한다"는 원칙을 가지고 있기에 인사말같이 하는 빈말로 "언제 식사 한번 합시다" 같은 말을 하지 않고 "했으면 지켜야 한다"는 원칙을 지키며 살고 있다.

그래서 의도적으로 거짓말하는 사람을 사기꾼 정도로 불신해야 한다.

"없던 일을 했다거나 하지 않은 말을 했다"는 식으로 덮어씌우려고 거짓말하는 사람은 사기꾼과 다를 바 없기에 그런 사람에는 두 번은 속지 않으려 근거 서류나 녹취록을 남기는 것이 지혜일 수 있다.

필자는 메모하고 일지 쓰는 습관으로 도움 되었기에 학습으로 하는 말이다.

사람은 자신만의 브랜드가 있어야 하는데 "스스로 한 말에 책임진다"는 브랜드 가치가 신뢰성이라서 사업자에는 최고의 가치이고 사람다움이란 기준이 된다.

일반적으로 받은 것에 상응하는 갚음은 상대에게 도리를 지키는 것이 되겠지만 갚으려는 자신에는 자존심을 지키려는 마음이라는 것에서 갚을 의사가 없으면 받지 않는 것이 자신을 지키는 자존심이다.

창업자에는 공급자 자신의 철저한 준비가 첫 번째이고 다음으로는 소비 시장과 소비자의 마음을 읽을 수 있어야 한다.
아무리 좋은 상품이나 제품이라도 "소비 시장과 소비자 없는 공급이란 존재할 수 없다"는 것이 상식이고 경제 원론이다.

"의학도 심리에서 효과가 좌우한다"는 의사의 말에 신뢰는 과학이라 생각해 보았다.
어느 의사가 신문에 기고한 글에서 노시보 효과(Nocebo Effect)는 "진짜 약을 줘도 환자가 효과 없다고 생각하면 약효가 없다"는 것이고 플라시보 효과(Placebo Effect)는 정반대로 "효과가 없는 가짜 약을 줘도 약이나 의사를 신뢰하면 약효가 있다"는 글에서 신뢰는 심리학이고 과학이라 확대해석해 보았다.
필자가 회고록을 써서 주변 지인들에 돌렸는데 오랜 세월 가까이 지낸 사이에도 "필자를 신뢰하는 사람은 정독으로 읽고서 감탄사를 주기에 고마웠고, 내 직업상 글을 쓴 것이 의외라는 마음으로 보는 사람은 읽어보질 않고(오해일 수 있다) 별 반응이 없다"는 것에서 상대의 마음을 읽을 수 있었기에 이러한 것도 문학적 표현에서 노시보 효과로 비롯되었다고 보기에 필자의 좌우명인 무신불립(無信不立)에 대한 중요성을 재차 깊이 생각하게 되었다는 격물치지(格物致知)다.

약효가 의사와 약에 대한 신뢰가 있고 없음으로 좌우된다는 것에서 과학적 증명이 되었기에 "노시보 효과"라는 말과 "플라시보 효과"라는 말이 만들어졌을 것이란 사실이다.

산업현장을 거시적으로 구별하면 사업자가 찾아가는 업종이 있고 소비자가 찾아오는 업종이 있다.

공급자인 사업자가 찾아가는 업종은 사무실이나 점포의 위치와 장소를 물류비 범주에서 생각하면 되지만 소비자가 찾아오는 업종은 "장소와 위치가 절대적으로 중요하다"는 것이다.

특별하여 거리를 마다하지 않고 찾아오도록 할 수 있으면 몰라도 그렇지 않다면 사업자의 실력이나 능력보다도 장소와 위치가 더 중요할 수 있다.

같은 요식업이라도 지역별 특성이 있어서 고급품보다 저급품이 잘 되는 곳이 있고 저급품보다 고급품이 잘되는 곳이 있고 제품보다는 분위기를 선호하는 지역이 있기에 지역 특성을 알아서 적합한 업종을 선택하는 지혜와 혜안이 절대적이라 볼 수 있다.

혜안에는 선견지명(先見之明:현재 상황을 잘 살펴서 앞으로 일어날 일을 예측하는 지혜)이 있어야 된다는 사실인데 선견지명은 능력과 실력이 있어야 가능한 것이지 운이나 생각만으로는 불가능한 것이다.

◎ 창업자는 기본과 원칙에 충실해야 실패하지 않는다
(실패하지 않아야 성공할 수 있다는 함의)

○ 첫째로 창업자 중심주의가 아닌 소비자 중심주의라야 한다.

투자금도 소비자 중심이어야 하지 자본금이 부족하다거나 자금을 아끼려고 사업자 중심적이면 소비자는 외면하는 것이다.

자금이 부족하여 자금에 따른 위치나 시설의 창업은 아니 한만 못할 수 있으니 업종별 손님의 취향을 읽어 소비자 중심적으로 소비자 편의를 제공하려는 "소비자 제일주의에 부합될 수 있게 서비스하겠다"는 마음과 자금으로 창업하여야 하고 영업도 소비자 중심이어야 한다.

경험에 의하면, 필자의 체형이 표준형이 아니라 양복을 맞추어 입는 편인데 몇 해 전 마을에 있는 양복점에 가서 주문하였더니 점주가 "알아서 잘 만들어 주겠다며 A/S는 무기한"이란 말에 호감이 들었고 가봉할 때까지는 옷 모양을 알 수 없었으나 찾아 입어 보니 요즈음 젊은 세대들의 스타일과 양복점만의 개성에 따라 만들었으니 필자의 70대에는 취향이 맞을 리가 없어서 A/S로 수정하였어도 마음에 들지 않아서 입을 수 없더라는 사실이었다.

이렇게 소비자인 손님의 생각과 의중과 취향을 읽지 못하고 무시하듯 공급자인 사업자 중심적 고집스러움으로 손님의 마음을 잃게 되면 모든 것을 잃게 되므로 "어떠한 경우라도 소비자 중심이어야 한다"는 것이다.

장인 정신도 시대적 현실과 소비자의 마음을 읽고 "소비자 중심이어야 인정받는다"는 것이다.

소비자 중심이란, "가심비(價心比:가격 대비 마음의 만족도)를 얻어야 가성비(價性比:가격 대비 성능) 경쟁이 된다"는 것을 명심하면 소비자 마음에 드는 제품이나 서비스를 할 것이라는 함의적 뜻이고 "싼게 비지떡"이라는 선입견을 소비자에게 주면 상대적으로 가격이 싸더라도 "가성비 경쟁이 될 수 없으니 매출 증대될 수 없어 수익 창출이 되지 않는다"는 말이다.

○ 둘째로는 재고 없는 업종이 손실 없고 원가 관리가 좋다.

농수산물같이 시간을 다투는 것에는 재고가 되면 손실과 손해의 원인이 되지만 문구점이나 철물점같이 두고두고 팔아도 언제인가는 팔 수 있는 업종이 좋다는 것이다.

○ 셋째로는 마진보다 회전율이 먼저라야 실패하지 않는다.

돈을 벌기 위해 사업하고 장사한다는 것에서 눈앞에 이윤을 최우선 하려는 것은 보편적 상식일 수 있으나 멀리 앞날까지 지속 가능한 돈벌이 하려면 당장은 손해인 듯하여 소비자의 마음을 얻는 것이 더 중요한 것에서 손해와 피해가 되지 않거나 때로는 한 번의 손해는 감수할 수 있어야 소비자에 감동을 주어 멀리에는 매출 증대가 된다.

"지독하게 움켜쥘 줄만 알면 배는 굶지 않아도 부자는 못 된다"는 것이 세상사에 이치라는 거다.

돈을 쓸 줄 안다는 것에는 "투자를 할 줄 안다"는 말과 같다는 뜻에서 소득이 된다는 말이다.

언제나 이득만을 목적으로 하는 단견은 돈의 흐름을 모르는 사업방식이라서 매출 증대를 위한 서비스 정신으로 소비자에 마음을 얻으려는 작은 선물이라도 하려는 자세가 매출 증대 위함으로 회전율 증대가 된다는 것이다.

○ 넷째로는 잘될 때일수록 조심하는 것이 초심이다.

잘되어 매출 증대되면 자만하고 오만하여 소비자를 경시하는 경우가 많아서 소비자에 반감이나 외면받는 것은 지극히 당연한데 도리어 소비자를 속이려고까지 한다는 것이다.

언제나 초심을 잃지 말고 기본에 충실해야 지속 가능한 사업

지적 재산이 물적 재산을 형성한다

이나 장사가 된다는 것이고 요즈음 사회적 추세인 ESG(환경, 사회, 지배구조) 경영 환경에도 부합되는 것이다.

언제나 사업자의 제품이나 물건을 팔려 하지 말고 마음을 팔아야 소비자의 마음을 얻어서 영구한 사업자가 된다.

"모든 경제는 심리"라는 것이다.

거시 경제에서 하는 말이지만 공급자와 소비자 간에도 심리라는 "신뢰"를 얻지 못하면 지속적 거래가 있을 수 없어 단절되면 생산성이 소멸되는 것이다.

신뢰를 얻으려면 예의를 지키는 언행이 첫째다. 예의란 상대의 인격을 존중하는 것이므로 모든 언행에서 예의를 지키면 상대의 마음을 얻을 수 있어서 가심비(價心比:가격 대비 마음의 만족도)가 높아진다. 단, 예의를 지킨다며 아부성은 의도가 있어 보이므로 지나친 칭찬은 조심할 필요가 있다.

○ 다섯째로는 박리다매(薄利多賣)는 매출 증대다.

공급자의 박리다매는 "이익을 적게 보면서 많이 팔겠다"는 것이라서 소비자에는 가성비(價性比)가 좋다는 것으로 좋은 것을 싫어할 사람은 없다는 것이 인간의 본질이라서 매출이 증대되는 것은 당연지사이고 비율적으로 마진도 커질 것이라서 이윤이 극대화된다는 사실이다.

○ 여섯째로 생산원가 최소화가 경쟁력이다.

생산원가는 소비자에 가성비를 제공할 수 있는 기본이라서 공급자가 원가 절감하려는 노력은 매출 증대와 이윤 증대의 첫 조건이다.

생산원가는 생산품의 소부장(소재, 부품, 장비)이나 자료를 최상품으로 가성비 있게 구입하려는 노력과 인건비를 최소화하고 생산성을 높이도록 하여 시장에서 공급품의 가격 경쟁력으로 매출 증대하려는 것이라서 무엇보다 중요한 것이다.

인건비는 고정비지만 남보다 더 주고 더 많은 생산성을 높이도록 하는 직원 관리가 원가 절감이다.

직원의 생산성은 "심리와 정신에서 비롯된다"는 것을 알아야 한다. 직원의 주인의식이 생산성 된다는 것이다. 생산원가 절감은 가격 경쟁인데 경쟁력에는 제품의 우수성이 먼저라야 가심비(價心比)를 얻어 매출 증대로 이윤이 높아진다는 사실을 명심하여야 한다.

강조하건대 자영업 하는 소상공인들에서 소비자 손님을 속여서라도 눈앞에 이윤을 높이려는 것을 역지사지(易地思之:처지를 서로 바꾸어서 생각함)하면 절대로 해서는 안 되는 것이고 돈벌이를 포기하려는 행위로서 실패를 자초하는 것이다.

속된 표현으로 바가지 씌워서 돈 벌려는 것은 자승자박으로 망하는 길이다.

○ 일곱 번째로 직원과 종업원은 친인척이라도 신상필벌 하여야 한다.

인재 제일주의에는 "쓰기 전에 의심하고 쓰면 믿음을 줘야" 근로자는 책임 의식으로 근무에 열정이 있고 창의성이 발휘되어 기업 발전과 성장의 동기 부여가 되고 원동력이 된다.

직원과 종업원이 소수라도 신상필벌(信賞必罰:공로가 있으면 상을 주고 죄를 지었으면 징벌받도록 한다) 주의라는 원칙을 알도록 하여야 올바른 마음과 정신으로 근무하려 할 것이고 활력있는 환경이 조성될 것이다.

직원과 종업원에 친인척은 가능하면 함께 않는 게 좋다는 사실에는 공과 사를 구별하지 않으려는 심성이 앞서게 되면 공적인 원칙과 질서를 망각하고 사적인 관계를 앞세워서 사적인 이득을 취하려는 이기심으로 오해와 불신이 생길 수 있어 직원들 간에도 불협화음의 원인이 되는 경우가 많다는 사실에서 친인척 관계는 도움보다 피해 되는 경우가 많더라는 것이다.

사용자와 근로자는 입장이 다르기에 관점이 다르고 관점이 다르면 견해가 다르고 견해가 다르니 평가하는 생각이 다를 수밖에 없으니 역지사지(易地思之)로 사업주의 목적을 우선할 수 없다는 것이 근본적 문제라는 것이다.

여기에는 사업주가 인격적으로 약점이 없어야 하고 모든 것에 모범적이고 시비지심(是非之心:옳음과 그름을 가릴 줄 아는 마음)을 가져야 가능할 것이다.

사업주는 직원에 떳떳하고 부끄럽지 않아야 하고 "내부의 적이 가장 무섭다"는 사실을 알아야 한다.

직원이나 종업원이 소수일수록 가족적 분위기로 집사광익(集思廣益) 하려는 수평적 리더십이 주인의식이란 수처작주(隨處作主) 마음을 갖도록 할 수 있다는 것이고 직원과 종업원의 마음을 읽을 수 있어야 한다.

마음을 읽으려면 언행과 얼굴에 표정을 보고서 지피지기(知彼知己)하여야 효과적일 것이다.

얼굴이란 말의 "얼"은 혼과 마음을 의미하며 "굴"은 드나든다는 뜻에서 그 사람에 혼과 마음이 드나드는 곳이 얼굴이라는 곳이므로 서로가 마음을 읽으려면 얼굴에 표정을 면밀하게 살피는 기술이 먼저라야 지혜로운 삶이라는 것이고, 얼굴에서 마음을 드러내지 않도록 하는 것도 인품 있고 인격 있는 삶의 수단이라는 것이다.

얼굴은 감출 수 있어도 사람에 눈은 속일 수 없는 곳이라서 곁눈질하는 습관은 "상대에게 불쾌감을 주고 자신에는 불신을 초래"하기에 곁눈질하는 습관은 고쳐야 자신을 지킬 수 있다.

과격한 천성에서는 쉽지 않을 것이므로 많이 반성하고 성찰하는 이성적(理性的) 개념이 있어야 한다고 본다.

긴 인생 여정에서 경험과 경륜으로 표정관리가 가능하면 품격과 인격의 자존감이 된다.

소크라테스는 "사람의 기분은 환경이 아니라 마음에 의해 결정된다" 하였는데 환경에 의해 마음을 보이는 것은 지혜롭지 못한 것이라서 환경을 지배하는 기술은 경륜으로 쌓을 수 있을 것이라 본다.

그래서 "경험이나 경륜보다 소중하고 귀중한 스승은 없다"는 것이다.

○ 여덟 번째로 어떠한 업종이나 업태에도 기회 선점이란 명제(命題)를 가져야 발전과 성장이 담보된다.

자영업이든 소상공업이든 돈벌이에는 현시점에서 열정으로 하는 것이 제일 중요한 사실에서 "현재에 만족하다 보면 미래를 내다보는 혜안이 없고 내다보려 하지도 않는 것"이 보편적 현실이라서 문제가 된다.

언제나 소비 시장의 사회적 현상을 면밀하게 분석하고 알아야 동일 업종에서 앞서갈 수 있고 급변하는 사회적 현실에서 미래지향적 마인드로 소비자들에 취향이나 성향을 분석하고 앞서가는 준비로 표준이 되고 기준이 되는 생산품이나 제품을 공급하는 선도자가 되면 생산성 높이는 환경이 되어 이윤 창출을 극대화할 수 있다는 사실이다.

미래를 내다보는 혜안에는 온고지신(溫故知新:과거를 바탕으로 새로운 것을 찾는다)이라는 명제로 기회 선점하여야 경쟁력으로 생산성이 높아져서 이윤으로 돌아온다는 사실이다.

발명품이라 하여도 변화하는 과정에서 "현재를 기준으로 점진적 변화로 익숙한 범주에서 새로움을 찾으려 하여야 유행이 된다"는 것이다.

발명품이란 것도 현실 속에서 생활 속 편리함을 추구하려는 데서 찾아지거나 창발적 마인드에서 새로운 것이 만들어진다는 것으로 "현재가 없는 미래라는 것은 있을 수 없다"는 것에서 기술과 생산품도 현재를 중요시 우선하고 현재를 바탕으로 연구하고 편의적인 것을 찾아야 가능하다는 것이다.

새로움이란 인간에 편의와 만족감에서 오는 행복감을 주려는 것이어야 기회 선점이 되기에 공감하지 못하는 소신은 아집과 고집으로 알아야 한다.

"기회 선점한다"며 아주 새롭고 파격적인 것으로 소비자에 익숙하지 않은 것을 제공하여 시대적 현실에 맞지 않으면 외면받게 되어 사업 자체에 리스크가 될 거라는 사실이다.

어떠한 것도 공급자는 수급자의 마음을 읽는 것이 최우선이고 새로움을 제공하여 소비증대 하려는 것도 소비자들의 취향과 마음의 범주에서 기회 선점이란 명제가 가능하다는 것이다.

막연하게 장사하고 사업하면 돈을 벌 수 있다는 운에 의존하는 생각만으로 창업하면 실패가 필연으로 돌아올 거라는 것은 지극히 자명한 것이다.

투자는 경제 논리적으로 시장 경제에 의하는 공부와 경험에 의한 학습력이 성공의 비결인데 과도한 모험의 대가를 바라는 무모함은 실패의 단초가 될 수 있다는 것도 알아야 한다.

"기업에 이윤은 모험의 대가"라 한 것도 경제 원론이 전제된 것이다. 투자적 모험이지 투기적 모험은 자승자박한다.

창업 초기에는 소비자 고객이 호기심으로 찾아주는 경향이 있으나 호기심이 실망이 되면 두 번 다시 찾아주지 않을 것이고 찾아주던 고객이 오지 않거나 매출이 줄기 시작하면 사업에 위기로 알고 "이유와 원인을 분석하여 대책을 세워야 한다"는 것이 역설적 표현으로 "위기 극복 선점"이란 것이다.

기회 선점과 위기 극복 선점하려는 것은 사업에 기본이고 철칙이다. 이것을 미래지향과 유비무환 생활철학이라 한다.

위기관리라는 리스크관리는 기업에 생명이라서 유비무환

(有備無患:현실에 안주하지 않고 미래를 대비하는 자세)이란 명제를 가져야 한다.

리스크라 함은 라틴어 "riscare, 용기 있게 도전한다"에서 유래되어 해양 시대로 접어들어 "숨겨진 암초를 극복해야 할 일"이라는 말로 쓰이는 것에서 리스크 관리라 함은 "극복의 대상"이란 말이기에 앞에서 나열한 모든 것을 유비무환 이란 명제로 관리하면 위기 극복이 될 거라 본다.

위기 극복은 "준비된 자에만 가능하다"는 말이다.

흔히들 "성공해야 행복하다"는 특별함으로 인식하는 특성이 보편적인데 필자가 하는 말은 "행복해야 성공한다"는 말로 가화만사성(家和萬事成:가정이 화목하면 모든 일이 잘된다)으로 인식하여야 성공할 수 있다는 것이다.

"성공하여야 행복하다"는 것은 "목적의식을 강하게 하려는 동기부여"가 되겠으나 무탈한 일상이 행복이란 개념을 "특별해야 행복한 것"으로 특정화되어 불행이 일상화되는 것이라 부정적으로 보며, 행복이라는 것은 가족 모두와 함께 만들어 가는 집단지성(集團智性:집단적 능력을 일컫는 용어)이 절대적이라서 가업(家業)에는 가족 모두가 공동체 정신으로 의무와 책임감으로 공감대 형성하여야 집사광익(集思廣益)으로 성공이란 열매를 딸 수 있다.

집안이 화목하지 않고 불협화음이 잦으면 "될 일도 안 되는

지적 재산이 물적 재산을 형성한다

것"이 세상사라는 거가 자연의 이치라는 것을 주변에서 목도 하여 격물치지하였다.

필자는 직장에 다닐 때나 사업하면서도 주식 투자와 부동산 투자에 게을리하지 않고 꾸준히 관심 있게 재테크하여 목표 이상을 달성하였다.

월급 받아 저축만으로 돈을 모아서 노년기를 준비하는 것은 한계가 있다는 생각에 재테크 기법을 터득하려 직장에서 받은 우리사주로부터 시작하여 적은 금액이라도 여유자금으로 주식에 투자하며 "아는 만큼 보인다"는 철학에 충실하니 나만의 원칙과 철칙이 생기는 학습력이 되었다는 것이다.

맨 처음에는 너무나 모르기에 증권사에 다니는 지인에게 위탁관리하고 그의 의견을 존중하다 보니 수익에는 한계가 있고 손실이 빈번하더라는 사실에 결과의 책임은 내 탓이지 원망이란 것은 있을 수 없기에 투자 개념을 찾고자 직접 관리하며 증권사 직원의 말은 반신반의(半信半疑:얼마쯤 믿으면서도 한편으로는 의심함)로 내 판단에 충실하고 경제 공부하며 경제 동향을 알고자 하니 주식은 경제의 선행지수라서 "경제 동향을 모르고 투자할 기업의 실상을 모르며 투자한다"는 생각은 금물이란 사실이었다.

거기에 미확인 정보로 "호기심에 의한 투자는 속임수일 수 있다"는 것을 알고 "금기시하여야 한다"는 사실에서 주식시장을 알고서 투자해야 성공한다.

　필자의 주식 투자에는 원칙과 철칙이 있다.

　가장 중요시하는 원칙에는 "생활에 지장이 없는 여유자금으로 하고 차입이나 계획 있는 돈으로 주식시장의 활황에 매혹되어 무리하게는 절대로 않는다"는 거다.

　즉, "장기적으로 투자한다"는 개념으로 시장 흐름과 경제 동향에 우선하지 단기 투자로 일희일비(一喜一悲:한편으로는 기뻐하고 한편으로는 슬퍼함)하지 않는다는 거다.

　두 번째로 중요시하는 것에 성장 주식은 5대 그룹 권에 있는 회사의 미래 먹거리 업종인 AI, IT, ICT, 바이오 이동경제 등의 기업 것을 우선으로 하고 가치주로는 리딩 뱅크사 권에 있는 은행 거에만 투자하여 주식시장이 급락하여도 언제인가는 원상회복될 수 있는 대표기업에만 투자한다.

　"위험할수록 수익이 크다"는 무모한 모험심을 주식 투자에 한다는 것은 자멸이기에 어떠한 경우라도 원가 보존에 우선한다.

　투자의 귀재 워런 버핏도 "돈을 버는 것보다도 잃지 않는 게 중요하다" 했다는 말을 상기할 필요가 있다.

　세 번째로 중요시하는 것은 매수점과 매도점을 투자할 기업의 실적보다도 전체 주식시장의 흐름을 우선하여 "폭락장이라며 모두가 팔려는 시점에 매수하고 모두가 호황이라며 투자할 때 매도한다"는 원칙을 갖고 있다.

그러다 보면 주가가 폭락하더라도 배당금이라도 많이 받을 수 있어 장기적으로는 손실을 보지 않더라는 사실이다.

긴 세월을 살면서 보면 주식이나 부동산이나 10여 년 단위로 위기와 기회가 반복되는 시장의 흐름을 알고 기회 선점하는 것이 결과물이다.

그리고 "주식이나 부동산이나 기본적으로 투자 원칙과 철칙은 같다"는 것으로 필자는 인식하고 있다. "하루아침에 일확천금을 벌고자 무리한 투자가 인생까지 망칠 수 있다"는 걸 모르는 것이 문제란 말이다.

인생은 긴 여정에서 행복하여야 한다. 돈이란 순리에 의한 소득이 내 것이지 "남의 돈을 억지로 뺏겠다"는 식의 무리수는 역작용으로 인생 자체가 당랑규선(螳螂窺蟬:뒤에서 덤비는 더 무서운 존재는 생각지도 않고 눈앞의 이익만을 노리는 것) 된다.

"로또라는 대박의 욕심이 인생을 망친다"는 것이고 유덕동천(惟德動天:오직 덕만이 하늘을 감동시킨다는 뜻) 이라고 덕을 쌓듯이 순리로 살아야 하늘이 돕는다는 것이고 적토성산(積土成山)이라고 "티끌 모아 태산"을 이루려 해야 인생 여정과 여생이 행복하다.

필자는 직장에 다니면서도 부동산 투자에 관심을 가지고 부동산 시장 흐름과 정부의 부동산 정책에 순리적으로 적응하며 투자하였다.

그 시절에는 경제 발전이 급성장하여 부동산값도 날로 급등하던 때라서 사는 집으로 시세 차익을 보려는 것은 관심만으로도 재산 증식할 수 있었기에 무관심이 무지한 사람이었다.

필자는 아파트 시행과 시공하는 건설회사에서 건축 현장소장과 임원을 하였던 엔지니어(건축 기술자) 이지만 경제 공부하며 재산 증식에도 적극적으로 하여 사업자금의 종잣돈을 형성하였다.

사는 집은 날이 갈수록 오르고 있어 새로 분양하는 아파트가 기존 아파트보다 싸게 분양할 때라서 새 아파트를 최소금액으로 계약하고 잔금은 살던 아파트를 입주 시기에 팔아서 내는 것으로 하면 시차에 따른 시세 차익이 많아져서 재산 증식되는 것을 터득하여 한곳에서 4~5년만 살고서 이사 다니며 재산 증식하였다.

그 결과로 20년 다니던 회사에서 퇴사 전에 서울시에서 환지 방식 땅을 저렴하게 분양받아 상업용 건물을 신축하여 임대 수입으로 "서울시에 5년 분할 상환" 조건으로 분양받은 땅값을 완납하고서 7년 만에 완전한 내 건물로 만들었다.

이것도 관심 많은 지적 재산으로 가능했던 것이라서 "아는 만큼 보인다"는 것에 방점을 찍고 싶다.

참고로 환지 방식이라는 것은 지금의 LH에서 전, 답, 임야, 토지를 매입하여 도시 기반 시설하고 대지를 분양하는 것을 서울 시에서 직접 하였던 시절(1990년 이전)이 있었다.

대지 매입비가 부족한 사람에는 5년간 분할 상환도 해 주었 기에 그 틈새시장을 활용하여 상업용 필지 128평을 매입할 수 있었다.(송파구 가락동과 오금동 일대 환지정리 때)

현재의 부동산 법으로는 가능하지 않지만 그 시절에는 이사 다니는 것을 감수하면 가능하였기에 할 수 있는 말이지만 자식 들 전학을 여러 번 하였기에 가족들에는 미안한 것도 사실이다.

하지만, 굶어보기도 하였던 내 삶(인생사)에서는 재산 증식이 무엇보다 우선일 수밖에 없었으니 나로서는 최선이었다.

부동산은 특히나 정치 집권자들의 정책에 따라서 부동산 법 이 수시로 바뀌기에 매스컴과 전문가에게 많이 배우고 알아야 한다는 것이고 부동산 시장은 단위 금액이 크다 보니 사기꾼이 들끓는 곳이라서 특히나 조심하여야 하고 많이 배우고 많이 알 아야 재테크로 돈을 벌 수 있다.

아는 만큼 보이고 보이는 만큼 벌 수 있다는 것이다.

보편적 상식 이상으로 "큰돈을 벌 수 있게 해 주겠다"는 유혹 의 계획 부동산 같은 곳에 현혹되지 않으려면 허황된 과욕을 버 리고 준법적으로 순리에 따르면 된다.

단순 주거용 주택 구입 하는 상식 정도로만 공부하고 부동산 재테크 하려는 것은 재산 증식이 가능하지 않다는 것이다.

부동산은 미래가치를 극대화할 수 있는 판단력과 혜안이 있어야 하기에 입지 조건과 학군과 교통망 등 많은 공부와 학습력이 있어야 실패 없는 재산 증식을 할 수 있다.

정부에서 하는 부동산 법에도 시장을 앞서가는 것은 불가능하기에 틈새시장(법의 허점)이 있게 마련이라서 그것을 알려는 노력은 시장 조사와 정치권의 정책과 부동산 법을 열심히 터득하여야 한다.

즉, 살아가고 있는 현시점에서 사회적 현실 인식과 정부(행정부)와 국회(입법부) 정책을 면밀히 공부하고 터득하려는 것이 우선이면 돈벌이가 보인다는 것이고 삶의 지혜이고 현명함이라는 것이다.

이것이 지적 재산이란 말이다.

주식이건 부동산이건 "아는 만큼 보인다"는 것에 충실하게 많은 공부가 선행되지 않고는 투자하지 않는 것이 원칙이고 철칙으로 알아야 한다.

세상에는 "공짜가 없다"는 것도 공부하고 배우려는 불치하문(不恥下問:배움에는 부끄러움이 없다) 정신에도 부합되는 것이라서 알려

하지 않고 배우지 않고는 어떠한 투자도 하지 않아야 하고 벌어서 관리할 줄 모르면 만사가 허사라는 것을 알아야 한다.

물적 재산 이루려면 실사구시(實事求是:사실에 토대를 두어 진리를 탐구하는 일)로 터득한 지적 재산이 있어야 가능하다는 사실을 강조하고자 한다.

단순한 생각만으로 "돈을 벌겠다"는 과욕으로 불법과 탈법으로 눈앞에 이윤만 보려 하면 "인생 자체를 망친다"는 것이 "인과응보(因果應報:행한 대로 업에 대한 대가를 받는 일)"라는 말로 기억하면 좋겠다.

우리 옛 속담에 "농사꾼이 씨앗 자루를 가지고 장 보러 간다"는 말이 있다.

농사꾼에 씨앗 자루는 다음 해에 먹고 살기 위한 종자인데 그것을 가지고 5일 장에 가서 무엇을 사겠다면 "더 이상 살지 않겠다"는 것과 같아서 "절대로 할 수 없는 짓을 하는 사람"을 일컫는 말과 같이 직장에 다니며 주식이나 부동산에 투자하던 은퇴 후 자영업이나 사업을 하던 "사는 집을 담보 잡히고 차입하거나 남의 돈 빌려서 하려는 무모한 투자는 절대로 해서는 안 된다"는 것이다.

돈벌이하려고 투자하는 사람의 본인은 나름대로 자신 있기에 하려는 것이겠지만 자신의 실력과 실력 외에도 운이란 것으로 말할 수 있는 "코로나와 같은 사회적 변수가 언제나 있을 수 있어 불가항력적으로 실패가 있을 수 있다"는 것도 생각하며 대비하는 자세가 인생 여정을 불행하지 않도록 할 수 있기에 "유비무환(有備無患:준비가 있으면 근심이 없다) 자세를 가져야 한다"는 것이다.

부동산은 안전자산이고 주식은 위험자산이라 함에 있어 투자는 분산투자를 원칙으로 하는 게 안전한 미래가 된다.

"계란은 한 바구니에 담지 말라"는 격언을 명심하여야 하고 "위험한 장사가 돈 많이 번다"는 말과 "모 아니면 도"라는 말에는 "그만큼 위험하다"는 것이라서 탐험가적 발상이라는 것이다.

필자는 그러다 보니 목적했던 상장기업을 이루지 못하였겠으나 현재의 조금 여유 있는 생활에 만족하고 있어 할 수 있는 말이다.

"돈과 재산의 규모가 행복의 크기와 비례하지 않는다"는 것이 세상사다.

행복은 자신의 마음속에 있으니 "돈의 양을 남들과 비교하지 말고 가지고 있는 범주에서 즐기면 행복하다"는 것이다.

물론 돈의 양이 행복과 비례하지는 않지만 돈을 벌려는 것이 행복이 될 수 있기에 합법적으로 불법과 탈법이 아니라면 많이 벌려는 것이 좋다는 사실이다.

많이 벌어서 부유하면 생활이 윤택하여 더 많은 즐거움으로 행복을 누릴 수 있는 조건이 되기도 한다는 것은 보편적 상식으로 인간의 본질이기도 하다.

필자는 송무백열(松茂栢悅:남이 잘되는 것을 기뻐하고 축하한다)의 마음을 가지고 살아보니 남의 것이 부럽거나 탐나지 않고 축하하는 마음에서 "내 마음이 기뻐지더라는 것에서 나의 행복이 되었다"는 것이다. 부끄럽지 않은 돈이 내 돈이어야 값이 된다.

덧붙여서 고쳐야 할 사회적 폐습 한 가지를 말하려 한다. 정이 많은 국민성으로 동업이나 지인 간에 돈을 거래할 때 "우리 사이에 서로 믿자"며 "말로만 약속하고 거래하여 끝에는 돈 잃고 사람 잃는 경우가 많다"는 사실에서 서구사회의 문화처럼 "회의 중에 농담까지도 기록에 남기고 서로 사인(Sign)하고 이권에 관계되는 것은 법적으로 근거가 되도록 서류에 의하여만 거래하는 것"을 해외 현장 근무 시에 터득하였는데, 그것이 "좋은 관계를 지속되게 하고 돈을 잃지 않는다"는 거를 명심하여야 보람된 삶이 되기에 총체적 지적 재산이 된다.

이 모든 것에는 "절세도 세법을 알아야 할 수 있다"는 것과 같이 아는 것이 물적 재산에는 총체적 지적 재산의 결과물이고 "총체적 지적 재산"이란 "물적 재산 잃지 않으려는 것"까지 포함되는 거란 뜻이다.

◎ 사람은 누구나가 자신을 위해 산다

일거수일투족 모든 행위가 자신을 위해 말하고 행하는 것인데 어떠한 가치관을 지향하느냐로 수단과 방법이 이타적이냐, 이기적이냐로 달라진다.

○ 1차원자는 남에게 피해를 주며 자기 이득을 보려는 것으로 부메랑이 되어 자승자박하게 되어 망하는 인생이다.

○ 2차원자는 남에게 피해를 주지 않고 자기 이득을 찾고

○ 3차원자는 남에게 도움을 주며(주려는 방법으로) 자신의 이득을 보려는 것으로 황금률과 윤리 방정식 같은 지적 재산으로 물적 재산을 이루는 것이다.

그래서 윤리와 도덕과 예의를 지키는 행위도 "자존감으로 되받는 자기를 위하는 결과가 된다"는 것이다.

일반 국민이 정치인에게 맹종 맹신하고 성직자 아닌 신자가 종교에 맹신하는 것은 자신을 부정하고 남을 위해 사는 것으로 평생이 허무할 것이고 불행이 필연이 된다.

4.
권력도
물적 재산에 불과하다

   권력은 자리에 앉아있을 때까지만 행사할 수 있는 제한된 권한이라서 한시적으로 쓰고 나면 소멸되는 범주의 지적 재산이라서 물적 재산이라는 것이다.

   권력에는 임명직인 공무원 권력자로 경찰, 검사, 판사와 세무 행정 공무원 등 사법권 범주로 정년이 보장된 공무원들이고 선출직 권력자로 대통령, 국회의원, 지자체장과 의원과 교육감으로 4~5년간 국민이 권한을 부여한 임기가 제한된 사람들이 있다.

   임명직인 공무원 권력자는 국민을 위하고 국민을 돕기 위하여 존재하는 것이고 불법과 위법과 탈법으로 법을 어기며 국가와 국민에게 해롭게 하고 피해 주는 범죄자에만 엄벌하는 권력자라서 준법으로 살며 공정하고 정의로운 국민에는 행복추구권을 보장해 주려는 고마운 사람들이라 국민이 무조건 보호할 사람들이다.

즉, 임명직 권력자는 불법자, 깡패, 마약범 들과 정치인 중에 범죄자에만 무섭고 겁나는 존재이지 준법 적으로 참되게 사는 국민에는 고맙기만 한 권력자이다.

반면에 선출직 권력자들은 준법으로 죄 없이 착하게 사는 국민에도 피해 주며 해롭게 할 수 있는 입법권(국회의원) 권력자라는 사실이다.

무능력하고 자신들 권력을 탈법과 불법으로 오 남용하여 사리사욕에 치우치면 그 피해는 "국민의 몫이 되고 국격이 추락하게 된다"는 것이다.

그래서 국민이 감시하고 주시하여야 할 대상자로서 나라의 주인인 국민이 정치인에 당당하게 굴종적으로 비굴하지 않아야 "주권재민(主權在民:나라의 주권이 국민에게 있음) 정신으로 주권 행사를 옳고 바르게 해야 참 국민"이라는 것이다.

도리어 정치인이 국민에게 평상시에도 굽실거려야 올바른 나라다.

필자는 국민을 속이려고 남의 슬픔까지(세월호, 천안함 등) 정치적으로 이용하는 정치인을 절대로 "짝사랑 하지 않는다"는 사실

지적 재산이 물적 재산을 형성한다

이고 미워하는 것이 주권자의 수오지심이라 본다.

철학자 장자 크루소의 말에 의하면 "국민은 투표할 때까지만 주인이지 투표 후에는 노예가 된다"는 말에 극한 거부감을 가지고 있기에 자존심을 지키고자 하는 것이다.

정치인에게 정치는 직업이라서 "자기들 먹고 살기 위한 수단으로 정치하는 것"을 주권자인 국민이 그들의 돈벌이에 "개념 없이 부역할 이유가 없다"는 것이고 나 자신을 위해 내 가치에 부합되는 정치인에만 지지하고 도움 되지 않는 정치인은 배타적으로 대하는 것이 나 자신을 위하는 것이라는 사실이다.

정치라는 것은 국민이 소비자(수급자:구입자)이고 정치인은 공급자(매도자:판매자)인데 소비자(국민)가 공급자(정치인)를 무조건 좋아하여(맹종 맹신) 물건의 품질이나 좋고 나쁨을 생각하지 않고(정치인의 정책) 구입하면 얕잡아 보고 불량품을 마구 생산할(국민 속이는 위선 정치로 정치인만 득이 됨) 것이다.

그렇게 되면 물건 구입 하는 사람(국민)만이 피해 보고 손해 볼 것이고 물건 파는 사람(정치인)만이 좋고 이득을 볼 것이다.

그래서 정치에도 공부하고 관심으로 진보와 보수의 정체성을 아는 것이 지적 재산이라서 "정치인은 자신의 가치 실현 위한 도구로 쓰는 범주로 알면 물적 재산 이루는 데 도움이 되고 모르고 맹종 맹신하면 피해가 된다"는 것이다.

그리하여 자신이 피해 보는지 모르고 팬덤으로 맹종 맹신하는 사람들을 "노예와 같은 영혼 없는 사람"이라 하는 것이고 정치인의 수준이 퇴락하여 위선으로 염치없고 체면 없는 현상으로 국민의 수준과 국격이 동시에 추락하고 있다는 것이다.

정치인을 "자신의 가치(이익, 유리함, 목적, 꿈 등) 실현을 위한 도구(수단, 방법)로 쓰다가 필요하지 않으면 버릴 대상이란 말"에는 국리민복(國利民福)도 포함된다는 것을 알아야 자아 가치가 된다는 사실이다.

이것을 아는 사람이 국격을 알고 자신에 가치와 품격을 아는 사람이다. "아는 만큼 보이고 보이는 만큼 아는 것"이라는 것에 자존심 있어야 민주 공화 국민 대한민국의 국민이라는 필자의 생각이다.

세상은 "아는 만큼 보인다"는 거에 "안다"는 것은 지적 재산을 일컫는 것으로 정치인들에 정치 현실을 정확히 알아야 "자신의 가치 실현을 할 수 있다"는 데서 개념 없이 부화뇌동(附和雷同)하지 말고 수처작주(隨處作主:어느 곳이든 가는 곳마다 주인이 됨)로 주권 행사하여 물적 재산 이루도록 "자존심을 지켜야 한다"는 것이다.

정치인에는 국민적 이기주의가 있어야 정치인들을 이타적으로 만들 수 있기에 모든 국민이 정치 이기심으로 대하여야 한다.

국민의 상대는 정치인이지 국민 간에 분열하고 갈등하면 정치인들이 속으로 웃고 좋아하기에 국민 간에는 "입장이 다름"으로 이해하여야 한다. 입장이 다르면 견해가 다를 수밖에 없다.

비유하여 예를 들자면 운동경기에 A팀(보수당)과 B팀(진보당)이 시합하는데 심판(국민)이 한쪽 팀에만 유리하게 심판하면(정치인에게 맹종 맹신하는 팬덤) 운동경기는 망할 것(국격이 퇴보)이라는 말은 "정치인에게 부역하면 국민이 피해 본다"는 것이고 정치인은 이득만 본다는 사실이다.

필자에게 "너는 어느 편이냐?" 하면 "나는 내 편이다" 한다. 어느 정치인이나 정당에 "편"이라 하면 개념 없이 잘잘못도 가리지 않고 무조건 동조하고 지지하는 사람을 지칭하는 것이라서 "자존심 없는 무지함"이라는 것에서 기분이 상한다.

세상사를 나는 나를 위해 사는 것이지 나에게 피해 주는 정치인들을 이념이나 진영으로 편 가르는 사고방식은 "영혼 없이 노예근성으로 사는 것"이라서 자존심도 없고 바보스러운 짓이라는 것이다.

인생사에서 "소중하고 소중한 것 중에서 자신에 삶보다 소중한 것은 없다"는 것에서 가치관을 확립할 필요가 있다는 말이고 정치인을 짝사랑하는 것보다도 바보스러운 짓은 없다.

남을 배려하고 위하는 이타적 사랑은 베풂으로 보람 있는 봉사적 사랑이 궁극적으로는 자기 위한 것으로 "송무백열(松茂栢悅: 남의 잘됨을 좋아하면 자신에도 좋다)의 마음이 행복"이라는 것이지 정치인을 무조건 좋아하는 것은 짝사랑이라서 정치인들은 나를 알지도 못하고 알아주지도 않는데 편들어서 좋아하는 것은 영혼 없는 짓이며 노예근성을 자초하는 것이라는 생각이다.

심지어 자기에 피해 되고 손해 보도록 정치하는 사람을 진영에 우선하여 진보와 보수로 편 가르며 한쪽에만 무조건 지지하는 것은 자기 부정이란 것을 알아야 한다.

그래서 필자는 어떠한 정치인도 내 친구나 지인보다도 더 좋아하는 사람이 없다는 사실이다.

권력을 이용하여 돈을 착취하는 자(者)는 권력의 정당성을 인정받지 못하여 국가와 국민에는 피해만 되기에 국민적 응징이 있어야 국가의 주인인 국민의 주권재민이 된다. 전직 어느 대통령같이 권력과 돈을 동시에 가지려는 것은 명예 없는 부패의 상징이라 응징해야 국격이 높아진다.

필리핀 10대 대통령 마르코스와 대한민국의 박정희 대통령이 동시대 최고의 권력자가 어떻게 하였는지 대비되는 표상이다. 마르코스는 반세기 전에 우리보다 잘살던 필리핀을 24년간 부패한 탐욕의 정치로 우리보다 못사는 나라로 쇠락시켰고 박정희 대통령은 애국애족(愛國愛族) 정치로 오늘날 경제 10대 강국 부강한 나라 되는데 초석을 닦아 놓았기에 권력자의 부패는 망국의 근원이 된다는 사실이다. 돈 욕심과 권력은 반비례한다.

산업의 쌀 포항제철을 이룩한 박태준도 청렴의 상징이었기에 오늘날 경제 10대 강국을 이루는 데 초석이 되었다. 결론은 정치 권력이 부정부패하면 그들뿐 아니라 국가와 국민이 함께 공멸하게 되는 것이 역사의 교훈이다.

정치인을 친분이나 지인 관계로 사적으로는 교류하며 대하고 있어도 정치 이념은 별개로 구별하고 입장이 다름으로 인정하며 친하게 지낸다. 즉, 정치인 친구에도 보수와 진보라는 편 가름 없이 인간 자체만 좋아하고 이념과 정치에는 나를 위해 판단하고 평가하여 내 유불리로 대하고 있다.

다시 말하면 사적인 친분과 공적인 정치는 구별하여 대하는 것이다. 친분 때문에 내 가치에 부합되지 않는 이념이나 정치를 동조하거나 협조하지 않는다는 것이다.

서로 입장이 다름을 인정하는 것이 친분의 척도다. 덧붙이고자 하는 말은 정치인들이 공적인 국익보다도 사적이라 할 수 있는 당리당략에 우선하여 집권자(대통령)를 무분별하고 무차별적으로 공격하는 현상에는 국리민복을 위하여 평가의 대상으로 삼아야지 자신을 위하는 결과가 된다.

국가 원수(元首)인 "대통령이 행복해야 국민이 행복하다"는 것은 합리적 이치(理致)이다.

"진보다, 보수다" 하는 것은 정치인들이 자기들만 위해 편 가르는 것이고 언론에서 편파적으로 구별하여 쓰는 말이지 평범한 일반 국민에게는 무관하고 불필요한 이분법으로 편 가름이라서 불편한 말이다.

학연이나 지연 관계라도 자신에게 도움 되지 않는 정치를 하면 무시하는 판단력이 있어야 지혜롭고 현명한 것이지만 아는 관계라는 것만으로 무조건 지지하는 것은 바보짓이다.

필자는 친구 간에 지지하는 정당이나 정치인이 다르다고 갈등하고 다투는 것 보면 이해가 되지를 않는다.

예를 들자면 친한 친구 A와 B가 있는데 또 다른 친구 C(정치인)를 A는 좋아하고 B는 싫어하는 관계에서 A가 B에게 "왜 C(정치인)를 싫어하느냐?" 하며 갈등하고 다툰다면 A와 B의 친한 관계가 멀어지게 되어 친한 친구를 잃게 되면 서로가 손해 되는 바보짓과 같다.

진정 정치를 직업으로 하는 사람들은 관계를 중요하게 여기면서, 정치는 직업이라서 "위치가 다르다"고 관계까지 멀리하지 않고 공적인 자리에서 서로가 다른 주장을 하더라도 사석에서는 형님, 동생 하면서 친하게 지내는 것이 현실이고 사실인데 국민 간에 진영으로 편 갈라 분열하는 것은 무지의 산물이다.

친분을 더 중요하게 여기며 이념이나 정당의 정체성은 입장

지적 재산이 물적 재산을 형성한다

이 다르고 생각의 차이로 서로가 존중하는 것이고 개인의 인격을 존중해 주는데 평 시민이 지인과의 관계보다 정치인을 우선할 이유가 없다. 그래야 사냥개 취급을 받지 않는다.

인간관계는 내가 상대를 싫어하면 상대도 나를 싫어하게 되어 있지 내가 싫어하는데 상대만 나를 좋아할 수 없는 것이 인지상정(人之常情:누구나 가지는 보통의 인정 또는 생각)이다.

싫어하면서 좋아하는 척하면 얼굴에서와 행동에서 나타나고 보이게 되어 있는 것이 인간의 본성이고 본질이다.

대한민국 정체성에 부합되게 정치하며 자유와 행복을 위해 인권을 존중하고 인격을 높이는 자존감을 높이도록 살게 하는 정치인을 "내 가치 실현을 위해 쓰다가 버리면 된다"는 것이다.

필자가 보기에 제일 한심한 국민은 "자기에 도움 되지 않고 피해 주는 정치인의 정책을 알려 하지도 않고 부역자 노릇하며 지지하는 사람"을 보노라면 어처구니없고 불쌍해 보이더라는 사실이다. 필자도 젊은 날에 그랬기에 반성의 산물이다.

"입장"이 다르면 관점이 다르고 "관점"이 다르면 견해가 다르고 "견해"가 다르면 "역사의 평가"도 다르다는 것인데 입장이 다름에도 개념 없이 정치권력에 부화뇌동(附和雷同)하여 지연이나 학연, 혈연 등으로 이분법적 편 가름하는 국민이 정치 수준을 더 후진적으로 추락시키고 있는 현실이다.

그래서 "정치 수준이 국민의 수준"이라는 말이 있는 것이다.

언론도 국민의 알 권리를 등에 업은 권력자라 본다. 권력자는 준법 적이고 객관성이 담보된 합리성으로 정의로워야 하는데 우리의 언론은 "편향적이고 편협한 것을 정의롭다"는 것으로 착각하여 "이분법적 진영논리에 빠져있어 문제가 심각하다"는 것이다.

민영방송은 상업적이라서 진영논리 정체성을 업으로 하여 이윤을 극대화할 수도 있겠으나 이것도 국가적으로 보면 바람직하지 않으므로 국민의 가치관으로 감안하여 듣고 보면서 나름의 판단으로 받아들이는 것이 지적 재산이 되겠으며 국민의 혈세(시청료 자동 납부)로 운영하는 공영방송은 좌우 어느 정권이라도 진영을 배제하고 친정부(진보와 보수 구별 없이) 방송을 하는 것이 국리민복에 부합하는 것이라 본다.

시청료는 좌우 진영 없이 모든 국민이 자동 납부하기에 "정부는 국민 세금 받아 운영하는 국민의 대리인"이므로 공영방송은 국가의 주권자인 모든 국민에 합당한 방송을 해야지 민영방송처럼 진영논리에 빠지는 것은 반국가요 반정부로 국리민복에 반하는 것이라서 "친 정당이 아니라 친정부 방송을 하여야 한다"는 생각이다.

작금에 방송 현상은 CEO의 이념에 따라서 편향적이라는 것이 현실이라서 국민 분열을 부추기는 정치권에 부역하는 증세

지적 재산이 물적 재산을 형성한다

라 본다.

정치인들은 국민을 속이며 자기들 지지 세력 높이는 것을 지혜롭고 현명함으로 알고 국리민복(國利民福:나라의 이익과 국민의 행복을 아울러 이르는 말)보다도 속임수를 쓰고도 양심이나 부끄러움 없이 노이즈 마케팅(의도적으로 구설에 오르게 함)으로 정치하는 사람들이 유명한 정치인으로 부각 되는 현실이라서 회의감이 들고 정치가 3류니 4류니 하는 말에 대한민국 국민으로서 부끄럽기까지 하다. 정치 수준이 국민 수준이라서 하는 말이다.

어용 정치인과 어용 지식인이 득세하는 현실도 국민이 각성할 일이다. 맹목적 팬덤이 근원이라는 사실이다.

정치인의 권력은 국민이 한시적으로 위임한 것이라서 국민이 주인이고 정치인은 머슴인데 나라의 주인인 국민이 혈세로 먹여 살리면서 감언이설과 미사여구로 속임수에 속아서 머슴인 정치인에게 굴종적으로 맹종 맹신하는 것은 자존심도 없고 영혼도 없이 노예라는 것으로 자초하는 것이라 본다.

정치인에 정치는 직업으로 물건을 파는 공급자(가게주인=정치인)이고 국민은 나라의 주권자로서 물건을 사주는 수급자(손님, 고객=국민)인데 물건 파는 가게주인(정치인과 정당)을 무조건 좋아하여 불량품이나 불량식품(국민과 자신에 불리하거나 손해 보는 정책과 정치하는)을 확인하지 않거나 분별하지 않고서 팔아주는 사람은 천하에 바보이고 자기를 부정하는 사람으로 자신에 가치와 인격을 자괴하는 것이다.

민주공화국 국가에서 선거는 자유민주주의와 정치의 꽃이라 할 수 있기에 선거 참여는 의무이고 책임 의식으로 반드시 하는 것이 주권재민(主權在民:나라의 주권이 국민에게 있음) 정신인데 개념 없이 참여하지 않거나 정치인 성향도 알려 하지도 않아 자신에게 유불리도 분별하지 못하고 묻지 마 투표하는 경우엔 아니 함만 못하다.

민의나 정책이 왜곡되어 국익에 반할 수 있기에 하는 말이다.

잘 못 선택된 정치인의 정책으로 국민의 손해와 피해는 5년 10년이 될 수 있다는 사실이다.

지난날에 어느 대통령이 재임 시에 "선거는 국민을 속이는 게임"이라고 말했던 사람이 있었는데 솔직하다 못해 국민을 조롱하는 말이라서 필자는 분노 했었지만 정치인의 본질이라는 것을 알 수 있는 기회였기에 나라의 주권자로서 각성할 수 있었다.

그러니 "국민에게 남의 슬픔까지 정치적으로 속이려는 것을 지혜이고 현명함으로 인식하고 있는 것이 정치인의 직업의식이라는 것"을 국민이 깨닫고 대응하는 자세가 국민 된 도리이고 현명함이라 할 수 있다.

정치의 본질은 국민의 행복추구권에 부합되도록 경세제민(經世濟民:세상을 다스리고 백성을 구제함)하여야 되지만 가정맹어호(苛政猛於虎:가혹한 정치는 호랑이보다 무섭다)는 가렴주구(苛斂誅求:가혹한 세금)라 했거늘 "부자한테는 세금을 가급적 많이 거두어야 된다"는 명분을 내세우면서 서민들에 "배 아파하는 심리"를 이용하여 기만적으로 편 가름하며 정치적 표 장사에 이용하려는 경우가 많다.

물론 부자가 세금을 많이 내는 것은 당연하지만 징벌적으로 범죄자 취급하듯 빼앗으려 하며 편 가름하는 것은 어느 국민이나 행복추구권을 추구할 권리를 가지고 있는데 박탈하려는 것과 같기에 자본주의 자유시장 경제에서 열심히 살아온 결과까지 부정하는 정치는 하지 말아야 한다.

나라의 "정체성을 부정하는 것과 같다"는 필자의 생각이다.

나라의 정체성인 자유민주주의와 자본주의 시장경제를 부정하는 정치가 서민을 위하는 것으로 착각할 수 있으나 궁극적으로는 서민에도 피해가 되는 것이 자유시장 경제의 본질이다.

"서민을 위한다" 하면서도 보편적 복지로 혈세를 나누어 주는 것에는 부자에게도 똑같이 나누어 주자는 모순에서 보면 "서민에는 속임수로 기만하는 것"이라는 사실에서 위선적이라는 것으로 볼 수 있다.

한정된 나랏돈으로 "안 받아도 될 부자에는 안 주고" 서민에

만 나누어주면 곱으로 줄 수 있어서 서민들에는 더 많은 보탬이
되어 실생활에 많은 도움이 될 거라는 사실이다.

진정으로 서민을 위하는 정치라면 현실적이고 객관성 있게
합리적으로 맞춤형으로 복지 정책을 하여야 하지만 정치 공학
적으로 표 장사하는 현실이다.

배고픈 사람에 빵은 생존이지만 배부른 사람에 빵은 쓰레기
가 될 수도 있다는 것이다.

"사촌이 땅 사면 배 아파한다"는 심리를 이용하여 편 가름하
려는 정치인들에 속임수는 "국민을 동물 취급하는 것과 같다"
는 생각이다. 사냥개(맹종)는 포수(정치인)ㅇㅇ에만 충성한다.

동물은 먹잇감으로 만 길들이기 때문에 하는 말이다.

꼭 필요한 사람에만 주는 것이 인권을 존중하는 것이고 국가
재정을 건전하게 하는 것으로 나라의 미래를 바람직하게 하는
것이다. 그래야 국리민복(國利民福) 국가로 진정한 선진국 된다.
여기에는 국민들이 정치인의 말에 속아서 "맹종 맹신하지 않아
야 한다"는 것이 지적 재산이다.

사람에 진실을 알려면 입(말)을 보지 말고 발(행동)을 보면 알 수
있기에 정치인이 하는 말에 책임지는지 보고서 판단해야 한다.
앞뒷말이 다르고 말과 행동이 다르면 위선적 속임수라는 사실
이다. 그래서 공직자는 도덕심 못지않게 중요한 것이 "국민 혈
세로 월급을 받기에" 윤리 의식이라는 것이다.

◎ 속임수 정치의 대표적 사례를 말하려 한다

"법인"이라는 것은 법으로 권리와 능력이 부여된 사단과 재단이지 사람이 아닌데 "법인세율 인하를 부자 감세"라며 국민을 오도하는 것은 국민을 속이려는 이분법적 편 가름 정치의 대표적 사례라 본다.

"부자"라는 함의는 사람이란 말이 되기에 "법인세율 인하를 부자 감세"라는 말은 서민의 심리를 이용하려는 속임수라서 나쁜 정치의 단면이라 본다.

법인세율 인하하면 기업에 비용 절감 효과로 이윤이 높게 되어 재투자 여력이 되면 고용증대 될 것이고 경제 발전되면 국익이 되고 주식 투자자에는 배당금이 커지기에 외국 자본이 유입되고 외국 기업의 투자 여건이 되어 일자리 확대와 국내 총생산(GDP)이 높아지는 데는 리쇼어링(해외에 나간 기업이 되돌아옴) 기업도 한몫할 것이다.

경제협력기구 OECD 국가의 법인세율 평균이 21.5%인데 우리나라는 문재인 정부가 22%에서 25%로 높여 놓았기에 윤석열 정부가 22%로 되돌려 놓으려니 부자 감세라며 반대하는 것 보고서 순박한 서민들을 속이려는 대표적 사례로 서술한 것이다.

법인세율이 타국에 비하여 높으면 국내 기업도 법인세율 낮은 나라에 투자할 것이고 외국 기업은 우리나라에 투자하지 않아서 일자리 창출이 안 되면 고용증대가 안 되고 실업자가 많아질 거라는 사실이다.

다음은 "반기업에 친노동자 정치를 한다"는 말에 극한 반감을 갖고 있다.

"반기업 하면 반노동자가 된다"는 것이 경제 원론이고 만고의 진리다.

기업이 일자리 만들고 경제 발전으로 국력을 키우는 주체인데 "국력 주체인 기업 가치를 반대"하며 "친노동자"라는 말은 "학생이 학교가 싫다며 공부 잘하여 좋은 대학 가겠다"는 말로 부모와 가족을 속이려는 불량 학생과 같은 몰염치 정치인이다.

반기업이란 말은 반 경제이고 반노동자이고 반서민이란 말이라서 반국가라는 말과 같다고 본다.

경제의 주체는 기업이라서 기업 성장이 국가의 경쟁력이고 국격의 척도라서 "당리 당략적으로 반기업 하면 공멸이 된다"고 본다. 10대 강국이란 말은 경제규모가 주체이다.

아무리 정치인들이 국민을 속임수로 보더라도 반기업이란 말을 하는 정치인은 모든 것을 불신해야만 된다고 본다.

지적 재산이 물적 재산을 형성한다

자본주의 시장경제 나라에서 정의롭게 열심히 살아서 돈을 번 사람을 존중하고 인정하여 국민적 동기부여가 되어 국력 발전에 시너지 효과가 있어야 하는데 서민에게 반기업이란 기만술로 일부 정치인이 부자를 죄악시 하는 증세가 심하여 반국가적이라 보인다.

모든 기업은 사업주(개인) 것이기 전에 국가 재산이란 개념이 있어야 한다. 국력은 경제규모가 주체이고 안보다.

기업의 규모에 따라서 세금을 많이 내고 근로자 고용 창출을 하여 모든 국민에 기여하는 것이 산업보국이라는 데서 국가와 국민의 자산이라는 사실이다.

작금에 사회 현상을 보면 세상이 글로벌화되다 보니 말이 좋아 개인주의이지 이기주의가 만연하고 있는 현상에 지도자급인 정치인들이 국익보다도 당리당략적으로 사리사욕을 심화시키고 있으니 평 시민과 젊은 세대들이 이기주의를 개인주의로 착각하여 인간미가 실종되며 공학적이고 계산적으로 변하는 현실에 단초를 제공하고 있다는 사실이다.

염치(양심)가 없고 체면(부끄러움)을 모르고 잘못한 일에도 위선적이고 내로남불(내가 하면 로맨스고 남이 하면 불륜이란 말로 후안무치한 사람이란 뜻) 하며 견강부회(牽强附會:가당치도 않은 말로 자기에 유리하게 억지 쓴다) 하는 것 보면 인간성이 의심스러워서 "인간일까" 싶기도 하다.

그러니 인면수심(人面獸心:사람의 얼굴로 짐승 짓 한다)이란 말을 듣고
도 부끄러움 모르고 계속 공격적인 현상은 인간의 세상이 아닌
듯하다.

많은 학문 과정에서 인성교육이 실종되고 암기 기술자로만
자라는 현상인듯싶어 걱정이라는 생각이 든다.

"인생의 근본은 인간성에서 시작하여 인간성으로 끝나는
법"이다.

이러한 현상에서도 정치권력에 맹종 맹신하는 부역자들이 있
어 회의감이 드는데 팬덤(특정한 인물이나 분야를 열정적으로 좋아함)이
형성되는 것 보면 놀랍기까지 하다.

요즈음 정치 현실은 팬덤이 형성되어 광신적으로 개념 없이
정치인에게 부역하는 현상이 자신들이나 국가에도 도움 되지
않고 불행을 자초하는 것이고 영혼 없이 살려는 노예근성에 불
과한 것으로 각성할 일이라 본다.

예, 체육인들에 팬덤은 즐기는 것으로 만족하지만 정치인에
팬덤은 국민이 먹고사는 문제가 좌우되기에 절대로 있어서는
안 되고 각자의 입장에서 판단하여 자신의 가치관에 부합되는
지가 기준이어야 하고 국리민복에 부합되는지도 보아야 한다.

지적 재산이 물적 재산을 형성한다

맹목적으로 팬덤에 가담하는 사람은 "자기에 손해 되는 정책을 하는 정치인에도 박수치는 우매함"으로 훗날에는 후회만 있을 것이다.

그러하니 정치인들이 교묘하게 속임수를 쓰면서 국민을 이용하려는 증세가 심화되어 공정과 정의는 사라지고 몰염치하여 체면도 없이 인면수심(人面獸心)이라서 속심으로는 "팬덤들을 비웃으면서 고마워하지 않고 겉으로만 고마워하는 척하는 것"이다.

그러니 정치인들이 죄를 짓고 범죄 행위를 하고도 사과하지 않고 권모술수(權謀術數:목적 달성을 위하여 수단과 방법을 가리지 않고 온갖 모략이나 술책을 씀)로 국민을 속이려 하는 것은 국민을 깔보고 우습게 여기는 것이니 몰염치한 정치인은 발붙이지 못하게 하여야 국가와 국민이 불행하지 않을 것인데 모순된 정치가 근래에 심화되고 있으니 아이러니하다.

영국의 정치 철학자 데이비드 런시먼의 저서에서 보면 "오만한 안주(安住)를 미래에 대한 믿음 때문에 오늘의 필요한 행동을 하지 못하도록 만드는 것"으로 규정했다.

포퓰리즘(본래 목적을 외면하고 일반 대중의 인기에만 영합하는 것)으로 희망 고문하는 것에 속아서 "오늘의 주권을 포기하도록 한다"는 뜻이 되기에 속지 않고 주권 의식으로 국민의 권리를 정당하게

하여야 정치 수준이 높아지고 국민 수준이 높아지면 국격이 높
아질 것이다.

속지 않으려는 것은 자신에 몫이고 자신을 보호하려는 보호
본능이 지혜이고 현명함이며 주권재민(主權在民) 정신이다.

이렇게 되어야 국리민복(國利民福)이 될 거라는 것이다.

작금의 정치 행태는 목불인견(目不忍見:눈앞에서 벌어진 상황 따위를
눈을 뜨고는 차마 볼 수 없음)인데, 그에 대한 책임은 국민에게 있다는
것이 자각하는 주권재민(主權在民)의 정신이고 수처작주(隨處作主)라
고 나라의 주인의식이 있어야 하는데 "나라의 주인 의식이 부
족하여 권리를 바르게 하지 못하여 그렇게 되는 것"이라는 사
실이다.

사람은 "일생에서 가장 많은 돈을 주고 구입하는 것이 정부와
정치"라는 말을 영국의 작가 도미닉 프리스비가 말하였고 정치
인의 정치는 직업이라서 직장(국회, 정당:국힘당, 민주당, 정의당 등)에
서 먹고 살기 위해 일(정치, 정책)을 하여 고객과 수요자(국민)의 평
가로 가치(정치, 정책, 성과)를 파는 것인데 그것을 사는 국민(세금 납
부)이 가치 판단(국민의 가치 실현) 없이 정치인에 맹종맹신(팬덤) 하
는 것은 "국민의 정체성과 자존심을 부정하고 영혼 없이 노예가
되겠다"는 것과 같다는 사실이라서 국민의 각성이 있어야 국가
와 국민의 품격이 높아지고 가치 실현에 부합된다. -필자는 국

지적 재산이 물적 재산을 형성한다

민 정화(淨化) 운동하는 마음으로 정치 현실을 논하고 있다. 이것이 나 자신을 위하는 것이라 본다.

팬덤 정치가 나라와 국민을 망치고 있다. 작금의 대한민국 정치 현실은 포퓰리즘 정치에 팬덤 정치로 미래가 암울해지고 있다는 사실이다.

포퓰리즘 정치는 미래세대의 삶을 가불하여 착복하는 것이고 팬덤 정치는 말이 좋아 팬덤이지 한쪽이나 한 사람을 맹종 맹신하는 광신자라는 말과 같다는 것이다.

동물은 먹잇감으로만 길들일 수 있다. 국민을 나랏돈으로 표 장사에 유혹하는 정치인들을 철저히 증오하는 것이 주권자의 자존심이다. 정책으로 국리민복 되게 하는 정치가 진정한 정치다. 복지와 표플리즘 정치는 다르기에 하는 말이다.

사람의 진심을 알려면 "입(말)이 아니고 발(행동)을 보라"고 했고 그 사람에 "과거는 미래의 거울"이라 했으니 정치인들의 행동과 살아온 행적을 보면 신뢰성과 미래의 정치 성향을 알 수 있으나 감언이설과 미사여구에 속고 독이 든 꿀(나랏빚으로 미혹시키고 미래세대에 짐을 떠넘김)로 포퓰리즘 정치하고 속이는 것을 분별하지 못하고 지난날에 파렴치 전과에 난잡한 사생활에 친족 간에 난폭성 갈등과 부인과 자식까지 범죄자로 기소되고 과거 정치의 부정부패 혐의로 사법 리스크가 수두룩한 사람이라서 목불인견(目不忍見:눈으로 차마 참고 볼 수 없음)인데도 팬덤이 생기고 광적으로 지지하는 세력이 형성되는 것 보노라면 "나라의 미래를 걱정하지 않을 수 없다"는 것이다.

마술사에는 속아도 즐겁지만, 정치인에 속으면 손해와 피해가 되기에 억울한 것이다. 그래서 정치 수준이 국민 수준이란 말이 있는 것이다.

가정에서도 가장이 빚 얻어서 잔치하고 호의호식하면 멋 모르는 가족은 좋아하고 우선은 즐겁다지만 훗날에 빚 갚으려는 노력은 가족과 자식의 몫이 되어 자식에 미래가 없게 되고 파산되는 가정이 될 수도 있다는 것은 자명한 사실이다.

평 시민이 정치인을 개념 없이 맹종 맹신적으로 좋아하는 것은 짝사랑하는 것으로 인생을 무상무념(無想無念:모든 생각 없이 마음이 빈 상태) 하며 맹목적으로 사는 것과 같다.

정치인은 나라의 주권자를 "선거 때만 주인 대접하고 투표가 끝나면 하인 취급" 하는데 나라의 머슴인 정치인을 짝사랑하는 것같이 바보스러움이 없는 천치(天痴)라는 것이다.

필자는 정치 이념으로 "너는 어느 편이냐" 하면 "나는 내 편이다" 함에는 보수와 진보로 한쪽이 아니고 "내 가치 실현에 부합하느냐"의 합리적 판단을 최우선시한 다음에 선호(選好)를 구별하는데 같은 값이면 보수 정치를 우선시하는 이유가 있다.

70 평생 살아온 내 가치가 중요하기에 내 것을 지키고 유지하려고 보수 정치의 가치를 우선시하는 것이고 내 가치 실현에 부합되면 진보 정치의 가치도 받아들이기에 "자칭 합리적 보수주의자"라 하고 있다는 것이다. 즉, 정책만을 기준으로 평가하고 판단하는 것이다.

정치인은 "내 가치 실현 위한 도구(정책 입법)로 쓰다가 부합되지 않으면 버릴 대상(정치인)"이라는 개념이 확고해야 자존심 있는 것이고 주권재민 정신이 확립된다.

나라의 주인(국민)이 주인행세(주권자 권리) 않거나 못하는 것은 주인(편 가름 팬덤 국민) 책임이다. 그래서 필자는 어느 정치인도 좋아하거나 무조건 지지하는 사람이 단 한 명도 없다.

정치인이 말 잘하고 똑똑함은 그들의 것이지 나에게는 도움되지 않기에 냉철히 보고 판단하여야 하고 말의 달변(達辯)만을 보고서 신뢰하는 것은 자신이 스스로 속으려는 자충수일 뿐이라는 사실이고 정치인들은 "국민을 못 속여서 안달이고 속이는 것을 지혜이고 현명함으로 알고 직업정치 하는 사람들이 많다"는 것이 현실이다. 그러고도 염치는 모르는 게 문제다.

조변석개(朝變夕改:일을 자주 뜯어고치고, 말을 수시로 바꾸어 말함)로 언행을 바꾸며 감언이설과 미사여구로 그럴듯하게 국민을 속이려는 정치인을 능력 있고 실력 있는 정치인으로 착각하는 팬덤들이 국격을 추락시키는 장본인이라는 것을 알아야 한다.

팬덤(맹종 맹신자)에게 "말로만 알아주는 척하고 마음으로는 알아주는 것이 없다"는 사실이고 열정페이(정당한 대가 없이 노동력 착취함)만을 이용하려는 정치인의 폐습을 알아야 한다.

법적으로도 현실적 도움을 팬덤에게만 줄 수 없는 게 사실이다.

그러함에도 내 밥벌이도 힘든 판에 내 밥 먹고 직업으로 정치하는 그들에게 맹종 맹신(盲從 盲信·옳고 그름 없이 덮어놓고 믿는다) 하는지 보편적 상식으로는 이해되지 않는다는 것이다.

아마도 여생을 살다가 보면 철이 들기 시작하는 시점에는 후회할 것이고 그때에도 반성 없고 성찰하지 못하면 일생을 잘 못 살고 실패한 인생일 거라는 사실이다.

필자도 "불혹(40세) 전에 진보가 아니면 가슴이 없고 불혹의 나이 후에 보수가 아니면 머리가 없다"는 말에 부합되게 40대 초반까지는 K 전직 대통령의 민주화 운동에 매료되어 맹신했던 시절이 있었으나 그 후에는 성찰하고 반성하여 "정치인들에 옳고 그름을 판단하고 내 가치에 부합되는 정책이 먼저"라는 기준에서 지지하거나 반대하고 있으며 정치인이란 사람은 "인간성을 바탕으로 '신뢰성'이 평가의 기준"이라는 사실이다.

그러다 보니 "내 살아온 가치를 지켜야 되겠다"는 합리성으로 보게 되어 "합리적 보수주의자"로 변하게 되었다.

"합리적 보수주의"라는 필자의 뜻에는 보수 정치의 정체성이 내 가치에 부합되지만 냉철하게 판단하여 "잘못하는 정책에는 철저히 비판하고 옳고 바른 것에만 동조하고 지지하지 무조건 지지하지 않는다"는 것이다.

보수라는 것은 "확립된 가치를 지키고 유지하는 것"을 정체성으로 하기에 4~50여 년 살면서 이루어 놓은 재산과 미래를 지키려면 보수라는 정체성을 지지하려는 이기심이 보편적이라는 것에서 합리적으로 분석하고 평가하고 판단하여 내 가치를 지키려는 것이다. 나라의 정체성에 부합하는 주류가 보수다.

우리나라의 보수 정치와 진보 정치의 정체성을 비교해보면 "여러 면에서 다르고 상반되는 것도 있다"는 것이다.

필자는 보수와 진보로 국민을 편 가르는 것에 반감 갖고 있지만 편의상 구별하자면, 보수정권 당의 정체성은 자유민주주의를 바탕으로 하여 자본주의 시장경제와 세율 인하로 기업에 가치를 중요시하며 경제 규모를 키우고 성장을 우선하며 맞춤형으로 서민에게만 선별적으로 복지혜택 주는 것을 선호하며 작은 정부로 생산성을 중요시하고 자유의 가치 동맹으로 국가의 안보와 평화를 지키려 한다.

반면에 진보정권이란 당의 정체성에는 평등주의로 세율 인상하며 경제 성장보다 분배를 우선하고 반기업적으로 노동조합에 치우치는 정책을 하면서 보편적 복지로 부자에도 나누어주려하며 큰 정부를 주창하고 국가 재정 관리보다도 나랏빚 증가에 관대하며 사회주의적으로 관치를 선호하는 경향이 있다.

그러하니 나이 먹어가며 재산이 증식되고 생활이 안정되는 세대와 부자라는 사람들이 보수정권 당의 정체성을 선호하는 경향이 많은 것이다. 그래서 노인폄하도 정치공학적이다. 나라의 정체성을 모르고 합리적 정치판단을 못하면 개념없는 사람이라서 자괴감이 들 것 같다.

정치라는 것도 아는 만큼 보이기에 많이 알려 하고 알아야 정치를 바르고 옳게 판단하여 자신의 가치 실현을 할 수 있을 것이다.

모르면서 진영에 편향되면 자기 발등 찍는 결과로 후회만 있고 남들로부터는 영혼 없는 노예처럼 치부 받을 것이다.

필자는 물이귀기이천인(勿以貴己而賤人:자신을 귀하게 여기어 남을 천하게 보지 마라)을 자존감 높이는 가치로 보고 여러 계층과 상대해 보면 단순한 사람들이 정치 이념과 정치인에 대하여 편애하고 편견으로 맹종 맹신하더라는 사실에서 합리적인 생각을 가지고 있는 사람들을 선호하고 있는데, 합리적이려면 논리적 사고가

지적 재산이 물적 재산을 형성한다

있어야 하고 논리적이려면 사안별, 사건별로 많이 알고 개념이 정리돼 있어야 가능하다는 것이다.

정치인들에 권력은 그들의 물적 재산에 불과한 것에 나라의 주인인 국민은 지적 재산으로 평가하고 분석 판단하여 국민의 물적 재산 이루는 것에 도움 되도록 도모하는 것이 현명함이라 할 수 있다.

그러할 때 정치인들이 나라의 주인인 국민을 두려워하고 존중하며 진정한 국리민복과 애국애족하려 할 때 진정한 선진국으로 국제적 위상이 높아질 것이다.

혹시나 필자의 말에 공감되지 않는 독자는 "본인이 한쪽과 한 사람을 무조건 좋아하고 한쪽은 무조건 싫어하는지" 판단해보면 확증 편향성으로 "자신이 무조건 좋아하는 쪽에 맹종 맹신하고 있다"는 것으로 알고 객관적이고 합리적으로 평가하고 판단하려고 노력하여 자신의 가치 실현에 부합되도록 살아야 인생이 보람되어 행복할 거라는 말을 강조하고 싶다.

지적 재산이 부족하면 정치인에 부역자로 전락할 거라서 풍부한 지적 재산으로 삶에 가치를 높이면 물적 재산이 풍요로워서 행복한 여생이 될 거라는 사실이다.

권불십년(權不十年:아무리 높은 권력도 오래 가지 못함)이란 말을 인식하여 지적 재산 가치를 높이려면 정치권력자에 비굴하게 굽신거리며 스스로 위축되어 소아적으로 살려 하지 말고 떳떳하다면 정정당당한 언행으로 우월적 위치에서 주권재민(主權在民:나라의 주권이 국민에게 있음) 정신으로 임하면 도리어 정치인들로부터 "존중받고 인격적으로 인정받더라는 사실을 입증할 수 있었다"는 것이 내 격물치지(格物致知)이다.

단, 객기부리듯 오만하거나 교만하지 않고 "겸손한 자세의 범주에서 비굴하지 않게 당당하여야 주권자 대접받는다"는 것이다.

이러는 것이 자신의 가치 실현을 위한 자존심이고 품격있는 자세라 본다.

동서고금(東西古今:동양과 서양과 옛날과 오늘)을 통하여 보아도 "피(부모, 형제, 가족)도 눈물(친구, 의리, 양심, 체면)도 없다"는 것이 정치판인데 특정 정당과 정치인을 충성스럽게 맹종 맹신하고 부역하는 것같이 바보스럽고 무의미한 짓이 없다는 것을 평생 살면서 터득한 교훈이라서 나라의 주인으로서 주권 행사를 옳고 바르게 하는 것이 내 자존심이라는 생각이다.

근래의 정치 현실을 보면 진영으로 편 갈라서 옳고 그름 없이 유불리만을 우선하고 기준으로 삼는 행태로 목불인견(目不忍見:눈을 뜨고 차마 볼 수 없다)인데 염치도 없고 체면도 모르는 비양심으로 비인간적이라서 인면수심(人面獸心:사람의 얼굴로 짐승 짓 한다) 정치로 보이니 국민의 한 사람으로서 "국민을 무시하는 작태"로 보이는 것에 반감이 증폭되고 있다는 사실에서 나라의 미래가 걱정되는 것은 국민이 불행할까 봐서 하는 말이다.

"정치 수준이 국민의 수준"이라는 명제가 "국민의 가치 판단"이 되면 국격이 높아지고 국민의 선진문화가 되어 글로벌 선진국으로 선망의 나라가 될 것이라는 소박한 바람으로 정치 권력에 아젠다(의제와 안건)를 제시한 것이다.

국민의 가치 판단이 바뀌어야 정치인이 발전하려 노력한다.

이 글을 읽는 모두에게 노파심으로 강조하건데 지인들과 정치적 이념과 진영이 다르다고 갈등하고 반목하고 적대시하는 것같이 바보가 없다는 것을 자각하길 바란다.

서로가 입장이 다름을 인정해 주는 것이 수준 있는 인격자다. 그래야 자아실현을 위한 자기사랑이 된다.

정치권력이 송무백열(松茂栢悅:남이 잘되길 바라면 자기도 잘된다는 뜻)의 가치를 중요시하면 마중지봉(麻中之蓬:나쁜 사람도 좋은 사람들 속에서는 좋은 사람이 된다는 뜻)의 나라가 되어 국격이 높아지고 국민이 행복해지면 진영으로 편 갈라서 분열하고 분노하지 않을 것이라 보기에 주권자로써 권장한다.

III

행복이
아름다운 인생의
전부다

사람들은 일생을 살면서 누구나가 행복이 목적이고 희망일 것이다.

행복하게 살고자 모든 언행(言行:말과 행동)을 옳고 바르게 정도로 살고자 공부하고 학습하며 직업을 가지며 먹고 살기 위해 돈을 벌려 하는 것이고 인성과 품성을 높여 자존감(自尊感)을 높이려는 것이다.

행복이 인생의 전부라서 옳고 바르게 살려는 것은 기본이고 당연한 사실이나 순간의 과욕으로 "꿈과 현실을 구별하지 못한다"는 전도몽상(顚倒夢想)으로 불행을 자초하지 않으려는 지혜와 현명함이 있어야 아름다운 인생을 보장하여 인생이 행복할 것이다.

공부하여 부가가치 높은 직업을 선택하고 돈을 많이 벌려는 것과 종교를 선택하여 신앙심을 갖는 것도 삶의 모든 것에 행복하게 살기 위한 수단이라는 사실을 명심하고 개념을 정리하여야 효과적인 인생이 될 거라는 사실이다.

개념 정리가 되지 않으면 공부도 대학생이 목적이 되고 직업도 돈 버는 것만 목적으로 하고 종교도 신앙심만을 목적이 되는 것으로 "수단을 목적으로 착각하여 왜곡된 삶이 되는 것"을 주변에서 많이 목도되고 있는 것이 현실이라서 "삶의 모든 것에는 행복이 목적"이란 개념이 있어야만 불법과 탈법적으로 명문대

가려 하지 않고 직업에서 불법적으로 돈을 벌려 하지 않을 것이고 종교도 맹종 맹신하여 왜곡된 신앙심으로 불행을 자초하지 않을 거라는 말이다.

특히나 "종교도 나를 위해 신앙생활 하는 것이지 종교를 위해 신앙심을 갖는 것이 아니라는 개념이 중요하다"는 말을 강조하고 싶다. 종교는 삶의 동기부여를 하는 것이지 목적이 되거나 결과를 바라는 것은 미신을 믿는 것과 같다.

성공이 꽃이라면 행복은 뿌리이고 성공은 삶의 경유지일 뿐이고 목표가 아니고 행복이 진정한 목적지라는 것에 역행하지 않도록 생활철학을 지켜야 한다는 것에는 "내일의 성공을 위하여 오늘의 행복을 포기하지 말라"는 것이다.

가족 간에 일상에서와 직업으로 일상생활에서 교류하고 교감하려는 언행 중에 말로서 행복 바이러스 주려는 "감사합니다", "고맙습니다", "사랑합니다", "미안합니다" 등 긍정적인 말을 "지금 바로 아끼지 않아야 하고 아끼면 후회한다"는 깨달음으로 개념을 갖는 것도 "오늘의 행복을 포기하지 않는 것"이 될 거라는 말이다.

"성공해야 행복한 것이 아니고 행복한 사람이 성공한다"는 가화만사성(家和萬事成:집안이 행복하면 모든 일이 잘된다)을 가슴에 담고 살아야 하고 "행복하려는 사람은 희망이 있고 희망이 있으면 진실하고 진실한 사람은 아름답다"는 개념이 있어야 황금 만능주의에 전도몽상(顚倒夢想)으로 불행을 자초하지 않는다.

행복하려는 것을 "특별한 경우로만 한정하려 하지 않는 것"이 무엇보다 중요하다.

보편적으로 일상의 생활은 당연시하고 특별한 경우에만 행복을 느끼려는 욕심은 일상을 불행으로 생각할 수 있기에 삶이 보람되지 못하여 희망과 꿈이 비효율적으로 될 거라서 보편적인 일상에서 "무탈함을 행복으로 생각하고 감사하는 마음과 기도가 있으면 행복의 마음이 일상이 되어 바라는 꿈을 이루게 된다"는 말이다.

지난날에 코로나19의 팬데믹 때문에 불행이 무엇인지 터득하였고 "일상의 무탈한 평범함이 행복"이란 것을 실감 나게 터득하였기에 "보편적 일상이 행복"이라는 사실을 가슴에 담는 것이 행복감을 극대화할 수 있다는 것을 반면교사(反面敎師)로 배울 수 있었다.

행복이 크고 많을수록 희망이 있어 진실한 사람이 되고 진실하니 아름다운 사람의 가치로 행복이 크고 많을 거라는 사실에서 "행복의 선순환"이 된다.

누구나가 일평생이 행복 하려면 절대적으로 건강이 제일 중요한 것이고, 절대적이진 않지마는 필수적으로 돈이 있어야 하기에 평생의 직업이 있으면 금상첨화(錦上添花)로 행복한 생활이 될 것이고 노년기에는 외롭지 않게 사는 것이 필수적이라서 스스로 외롭지 않게 사는 방법을 터득하여야 평균수명 이상으로 행복하게 살 것이고 불행한 운명이 되지 않을 것이다.

가장 행복한 일생은 "구구 팔팔 이삼 사"라는 말이 가장 이상적이라 보며 희망과 꿈에 부합될 거라 본다.

"99세까지 팔팔하게(건강하게) 살다가 2일간만 앓다가 3일날에 사망한다"는 것은 본인에 축복이고 자손들에도 행복이 된다는 사실이다.

"건강하게 오래 산다"는 것은 누구나가 바라는 꿈과 희망이라서 행복일 건데 "앓지 않고 활동하다가 2일간만 가족과 작별할 준비 시간까지 갖고서 편안히 하늘나라로 간다"는 것 같이 큰 행복은 없을 것이다.

그래서 필자는 안락사법이 입법화되기를 적극적으로 지지하는 이유가 일생의 삶에서 "행복추구권"이 가장 소중한 가치라 보기 때문에 삶이 무의미할 때는 건강한 죽음을 본인이 선택할 권리를 주자는 것이다.

행복은 일상에서 감사하는 마음과 공존하는 것이라 했다.

감사하는 마음을 가지려면 "옳고 바르게 살려 하는 것이 먼저라야 가능하다"는 소크라테스의 말 세 가지를 제시하고자 한다.

첫째는 "진실하게 사는 것"이고

둘째는 "아름답게 사는 것"이고

셋째는 "보람있게 사는 것"이라 하며 말도 바르게 하고 생각도 바르게 하며 행동도 바르게 하여 생활 모든 것을 바르게 하여야 한다며 "잘 사는 것이 중요한 문제가 아니고 바르게 사는 것이 중요하다"는 것이다.

진심으로 행복한 사람은 "명예나 이익과 물질에 절대로 목숨 걸지 않는다"는 사실이다.

필자는 "내가 알고 나를 아는 모든 사람은 누구라도 잘 되기를 바라는 이유"가 있다. 그래서 "사촌이 땅 사면 배 아파한다"는 말을 제일 싫어하고 바보 같은 생각이란 원칙을 고수하고 있다.

어떠한 지인이라도 잘되면 도움이 될 수 있고 최소한 자랑거리라도 되더라는 것이고 잘못되면 나에게도 피해 되거나 좋을 것은 더욱 없더라는 사실에서 격물치지(格物致知:실제 사물의 이치를 깊이 연구하여 지식을 넓히는 것)로 송무백열(松茂栢悅:벗이 잘되는 것을 기뻐함)을 마음속 깊이 간직하고 있기에 모임에서 건배사로 인용하고 있다는 사실에서 이러한 마음으로 친분이 형성되면 모두가 잘되어 행복한 사람들끼리 교류하게 되면 시너지 효과까지 이루어질 거라는 생각에서 마중지봉(麻中之蓬:좋은 벗 좋은 사람과 사귀면 자연히 좋은 사람이 된다)이라는 사자성어를 마음속에 간직하고 있으며 집사광익(集思廣益:여러 사람의 지혜로 더 큰 이익을 얻을 수 있음)이라고 서로가 지적인 생각을 모으면 물적 재산을 이루는 것에도 많은 도움이 되더라는 사실인데 "사촌이 땅을 사면 배 아파한다"는 말이 많이 회자 되는 것에 극한 거부감을 가질 수밖에 없고 단지 반면교사(反面敎師:다른 사람의 부정적인 것을 보고서 가르침을 얻음)로만 생각하며 "주변에 모두가 잘되기"를 신앙심으로 삼고 있다.

이것이 진실하게 사는 것이고 아름답게 살려는 것이라서 보람되어 행복 지향이 될 거라는 마음에서다.

그러함에도 사회 현실은 개인주의를 추구하는 현상에서 이기주의가 심화되고 있어서인지 반기업적이고 반부자이고 남이 잘되는 것을 시기하고 질투하며 못되기를 바라는 증세가 심화되고 있다는 것에서 우려할 수밖에 없는 이유가 "나라와 국민에도 손해와 피해가 되어 선진국 되는 것에 저해될 것이기 때문"이라는 사실이고 그 속에 사는 국민의 품성까지 잘못되면 "자유민주주의 공화국의 정체성까지 부정하는 나라가 되지 말라는 법도 없다"는 것에서 반성하고 성찰하는 기회가 되기를 간곡히 바라는 마음에서 하는 말이다.

필자는 우리나라를 동방예의지국이라 칭송하는 말에 자부심을 갖고 있다.

서방국가나 주변의 다른 나라에서 예의범절(禮儀凡節:일상생활에서 갖추어야 할 모든 예의와 절차)이 좋은 나라라는 칭찬이고 존중하는 말이라서 거기에 부응하려는 마음가짐이 커지면 나라의 장점이 되고 국민에도 좋을 것이라는 생각에서 나라의 정체성으로 확립되면 국민의 인성과 품성이 좋아져서 "남의 잘됨이 자신에도 도움 되고 잘될 것이라는 문화가 형성되어 모든 국민에 시너지 효과가 있을 것"이라 보기 때문이고 교육 현장에서도 인성교육이 실종되고 물질 만능 지상주의이기 때문에 더욱이 예의범절을 중요시하는 것이다.

예의범절에 효도를 경전(經典:변하지 않는 법식(法式)과 도리)같이 하는 우리의 문화에도 효심(孝心:마음) 없는 효도(孝道:베풂)는 자기 위함(좋은 인성)이 되지 않고 효심 있는 효도는 자기 위함(성품, 인격)이 된다.

마음에 없는 행동은 본심(의도)으로 나타나게 돼 있다.

예의를 무겁게 생각하는 경향이 있는데 보편적으로 예의란 것은 특별한 게 아니고 상대를 인격적으로 존중하는 언행으로 알면 된다.

그래서 상급자(윗사람)가 하급자(아랫사람)에도 예의를 지켜야 상

지적 재산이 물적 재산을 형성한다

급자 대우를 받는 것이다. 이것을 "답게 산다"고 하는 것이다. 예의범절은 인성교육의 수단이 되기도 한다.

여기에 부언하려는 말은 부자유친(父子有親:부모는 자식에게 인자하고 자녀는 부모에게 존경과 섬김을 다 하라는 말)을 부모와 자식 간에 친구같이 지내는 것이 보편화된 요즈음 세상으로 인식하면 서로가 편할지는 모르겠으나 인성교육에는 문제가 있을 것으로 보는 이유가 윤리와 도덕뿐 아니라 예의범절이 인성과 품성을 바르게 하는 가정교육의 수단이 되기 때문이다.

예의란 때와 장소와 상대에 대한 도리를 말하는 것이고 도리는 상대를 존중하고 상응하는 갚음의 자세라서 윤리 방정식으로 보람되어 궁극적으로는 자기 위하는 것이 된다.

글로벌 세상이 되다 보니 서구 문화가 급속히 침투하여 사대주의적 사대사상(事大思想:주체성 없이 세력이 강한 나라나 사람을 받들어 섬기는 사상)으로 우리나라만의 문화이고 전통적으로 지켜오던 예절 문화가 치부 받아 "인간성 향상에 절대성이고 근본까지 부정받는 현상"이라서 사회적 규범과 규칙이 퇴행 되고 있어 불행을 자초하는 증세가 심화되고 있다고 보고 있다.

그러니 작금의 사회 현상은 마약 청정국이 무너지고 포악하여 생명까지 경시하는 흉악범이 난무하는 것도 예의범절이 무너지고 있는 것과 무관하지 않다고 보이기 때문에 하는 말이다.

예의를 지키려는 마음과 자세에서 겸양이 생기고 겸손하여 자존감이 높아지는 것으로 불행할 짓은 않게 됨이 인간의 본성이다.

근래의 제도권 교육장에서 인성교육이 없는 현상이라서 "인성교육 없는 학문은 행복이 사상누각(沙上樓閣:기초가 약하여 오래가지 못함) 되는 결과"가 될 수밖에 없다는 것이 세상에 이치다. 그래서 "가족이란 개념과 가치"가 많이 퇴색되고 있다는 사실이다.

요즈음 중년 세대들의 현상을 보면 "자기 자식에 내리사랑만을 전부인 듯하고 부모에게 치사랑은 불편한 것"으로 인식되고 있어서 존속 부모에는 무관심이고 비속 자식에만 사랑하니 반대급부로 노년 세대들도 이기심이 심화되고 있어서 자식에 대한 불신으로 재산 증여에는 부정적인 현상으로 인간미가 없어지고 있다.

작금의 사회 현상은 부모와 자식 간에도 신뢰가 없어 불신하는 현실이 증폭되고 있다는 것에는 자신을 낳아 키워주고 가르쳐주고 결혼까지 시켜준 부모에게 고마움도 모르고 공경심도 없이 불효하는 사람이 많다는 것에서, 보고 배운 자기 자식도 똑같은 짓을 할까 봐서 "부모로서 자식에 대한 본능(태어나서 선천적으로 하는 동작이나 행위로서 아기가 젖을 빤다거나 병아리가 알을 깨고 나오는 행위)도 없어 잘 키우려는 사랑도 없을 것이라 보는 것"이 합리적 정답이라 본다.

노년 세대들에서 많이 회자 되는 말이 "재산을 죽어서 상속으로 주어야지 살아서 증여로 주는 것은 바보"라 하며 주변에 권유하고 지혜롭고 현명한 것으로 인식되고 있는 것이 현실이다.

자식들을 믿을 수 없는 불신으로 "증여하고 나면 천대받는다"는 것이 현실이라며 부모라는 본분(本分)을 잃게 됨에는 자식 세대의 자업자득(自業自得:자기가 저지른 일의 과보(果報)가 자기 자신에게 돌아감)이라는 것이고 "무자식이 상팔자"라는 말이 "현명하다"는 것으로 인식되어 현실이 되면 인구절벽이 되어 나라의 존립이 문제 되지 말라는 법도 없다.

우리나라의 출산율이 전 세계에서 최저라는 것도 현실이다.

참으로 서글픈 글을 쓰는 필자만의 오판이기를 바라는 것에는 "불신이 가족 모두에 불행"이 될 것이라는 사실에서 자책하고 자각하는 계기가 되어야 행복 지향이 되기 때문이다.

어쩌다 부모와 자식 간에도 "재산에 대한 불신이 지혜로운 것"으로 인식되고 있어 인면수심(人面獸心:사람의 얼굴로 마음은 짐승과 같다)의 세상이 되었는지 한탄할 일이라서 "가족이란 개념과 가치"에서도 격세지감을 느끼고 있는 현실 사회가 정말로 싫다.

가족 간에도 서로가 불만이 있을 수 있다. 특히 자식과 부모 간에는 가치관이 다르고 세대 차이가 있기에 불평불만이 있을 수 있으나, 역지사지로 이해하고 양보하여 공경심을 가져야 하지만 불평불만을 넘어서 원망을 하는 것은 불효 중의 불효다.

원망이란 못마땅하게 여기어 탓하거나 불평을 품고 미워하는 것이라서 부모를 미워하는 것은 전적으로 자식의 인간성(人間性)이다.

이 모든 것은 젊은 세대의 개인주의라는 이기주의에서 비롯되고 있다는 것이지만 이렇게 된 근원이 어디에서 비롯되고 있는지 모두가 자성하고 성찰하여야 불행하지 않을 수 있다고 본다.

필자의 생각은 "자신이 자식 사랑하는 이상으로 부모 사랑을 받았다"는 것을 인식하려 하지 않거나 못하는 이기심이 노부모와 자식 간에 불협화음이 커진다는 사실을 자성하여야 교훈적 자식 교육이 되어 아름다운 가정이 될 수 있다고 본다.

감사함을 모르는 사람에는 감사함을 받을 수 없는 것이 세상의 이치라서 자업자득(自業自得)이고 인과응보(因果應報)라는 것이다.

가장 불행한 인생은 가정의 불협화음(不協和音:집단 내의 사람들 사이에 원만하지 않음)인데 그에 단초는 신뢰 않는 불신이 근원인 경우가 많다.

스포츠 감독(부모, 가장)이 운동선수(자식, 가족)보다 실전에 실력이 좋아서(잘 나고, 좋은 학벌, 스펙) 하는 게 아니고 경험과 지혜와 권한이 있어(가족에 대한 책임과 의무와 권위) 선수들(가족들)을 통솔하여 우승의 목표지향(보람 있는 행복)이 있어서 단결하고 응집하는 집단지성(가화만사성)이 있는 것이지 선수(자식, 가족)가 감독(부모, 가장)에게 "실전에는(학식, 지식, 학벌, 스펙) 자신보다 못하면서 잔소리(밥상머리 교육)한다"고 무시하면 팀(가정)의 위계질서가 없어서(가족 간에 불협화음) 망하는 팀(불행한 가정)이 될 것이다.

가정에 화목과 행복은 잘나고 못난 차별로 우월성에 의한 것이 아니고 가족 간에 인격적으로 존중하고(예의 지킴과 신뢰) 이해와 양보와 배려로(부모의 장단점을 반면교사와 타산지석 함) 이타적 사랑으로부터 이루어진다는 것이다.

여기에 더하여 불협화음이 전제 조건이란 함의(含意)가 되는 현상으로 젊은이들이 "효자 아들은 결혼 기피 대상이라는 말이 의식 없이 회자 되고 있다"는 것을 말하려 한다.

효자라는 것은 자식 된 도리를 지키는 것으로 가정의 화목과 행복이 전제된 것인데 불효자를 결혼의 조건으로 생각하는 것은 양가에 모두 불협화음이 전제조건이란 말과 다를 바 없는 것이다.

결혼이란 양가(처가와 본가)의 가족 간에 화합과 화목이 전제돼야 행복이 찾아오는 것이지 편협하고 편파적으로 한쪽에만 잘하길 바라는 이기심이면 불협화음이 필연이 되어 불행이 당연하다는 것이다.

부모에 도리를 지키려는 것은 인간의 근본과 근성이 있다는 것으로 본가(시가)와 처가(친정)에 모두 도리를 지키려는 본성이 있을 것이라는 사실이다.

즉, 효자를 싫어하는 것은 불 효자를 원하는 것으로 처가(친정)에도 잘못하기를 바라는 것과 다를 바 없다는 것으로 불행을 원하는 것과 같다. 만사가 상대적이라는 말이다.

가화만사성이란 말이 흔하게 회자 되다 보니 귀중한 말인지 모르고 "깊은 뜻에 의미 부여가 안 되고 있다"는 것이 안타까워서 하는 말이다. 이러는 것이 반지성적이라서 반물적 재산이 된다는 것이다.

인류 사회는 "인성으로 시작하여 인성으로 끝난다"는 것이다. 아무리 똑똑하고 유능하여도 인간성이 되지 못하였다면 "사회에서 인정받지 못하고 불신받아 불행만을 자초하게 될 것"이란 말이다.

인간은 사회 속에서 더불어 살게 되어 있고 혼자만으로는 존재할 수 없기에 윤리와 도덕심과 예의범절을 지키는 도리를 지키고 상호 존중하는 배려심이 행복감이지 상대를 경시하는 개인주의는 이기주의에 불과하여 불신과 미움의 대상이 될 것이란 말이다.

남에게 의리와 신용과 예의를 요구하려면 자신이 먼저 "의리

지적 재산이 물적 재산을 형성한다

와 신용과 예의를 지켜야 한다"는 것이 도리이고 인지상정(人之常
情:사람이라면 누구나 가지는 보통의 인정이나 생각)이고 성경에서 말하는
황금률이다.

법이라는 것은 강제성으로 꼭 지켜야 할 규칙이고 규범이지
만 예의범절은 자율성으로 자신이 알아서 지켜야 할 경전(經典:변
하지 않는 법식과 도리)이라서 인성과 인품에 의한 인격으로 존중받
는 것이다. 그래서 예의범절을 지키려는 것은 자기 위함이라는
것이다.

불행하지 않으려는 극기복례(克己復禮:자기를 극복하여 예로 돌아가는
것)의 노력은 행복 하려는 것보다도 더 소중하고 고귀할 수 있다
는 데는 자존감이 높아지는 자아사랑이라서다.

불행하지 않아야 일상에서 마음먹기에 따라서 나름으로 행복
할 수 있고, 행복하여야 성공할 수 있고, 성공하면 더 행복할 것
으로 행복이 선순환되어 행복의 시너지 효과가 커질 것이다.

우리 사회에는 "복"이라는 개념이 "행복"이란 개념보다 일반
적으로 통용되고 운명론적 잠재의식이 있는 것도 사실이다. 그
래서 복은 주어지는 것이지 찾아가는 것이란 사고가 부족한 면
이 있는데 "각자가 만들어 간다"는 자아의식이 있어야 "할 수
있다"는 개념이 "하면 된다"는 신념으로 발전하여 행복으로 귀

결될 것이다.

"내면의 열정을 따르면서 끊임없이 노력할 때 우리는 비로소 더 많은 행복을 찾을 수 있다"는 것이다.

사람마다 물적 재산에 의한 행복감은 같을 수 없고 다르다는 것에서 물적 재산의 준거점(準據點:표준이나 기준이 될만한 점)에 따라서 행복의 가치 판단이 다르기에 지혜롭고 현명한 준거점을 자신의 수준에 맞게 설정해야 행복감이 높아질 것이다.

그래서 행복은 자신이 만드는 것이지 물적 재산이 많다고 행복과 비례하지 않는다는 것이다.

필자가 살아오면서 복이라는 것을 격물치지(格物致知:사물의 이치를 깊이 연구하여 지식을 완전하게 함)로 생각하여 거시적으로 보면 3단계로 볼 수 있다.

첫 번째로 "주어지는 복"으로 어떠한 가정과 부모 밑에서 태어나느냐로 운명의 가름이 좌우될 수 있다는 것이다.

여건과 환경이 본인의 의지와 뜻과는 무관하게 얻어지는 것이라서 "순응하고 극복의 대상이 될 수도 있다"는 것으로 필자가 겪고 살아온 삶의 과정에서 인고(忍苦)의 과정이 절대적이라는 것이다.

이것에는 물질적인 것뿐 아니라 정서적으로도 해당될 거라는 말이지만 필자에는 자립심과 의지력을 부모로부터 물려받았기에 현재의 삶에서 만족하고 내 부모님께 감사히 생각하고 있다.

두 번째 단계로는 "선택의 복"으로 "주어지는 복"이 근본이 되어 인생 여정에서 만남의 과정으로 인생사의 운명적 가름이 된다는 것에서 무엇보다 결혼 상대자로 배우자를 선택하는 것은 절대적으로 중요한 선택의 복으로 운명이 좌우될 수 있다는 사실이다.

결혼이란 것을 자신의 문제로만 볼 수 있으나 한 가정의 문제가 된다는 것을 간과해서는 안 된다.

속담에 "들어오는 식구(며느리)가 집안의 흥망성쇠(興亡盛衰:흥하고 망함)가 된다"며 집안의 모든 문제를 며느리 덕이라거나 탓으로 돌렸던 선대들의 말이 일견 일리가 있다는 것이다.

집안이 화목할 수 있고 불협화음이 되는 것은 배우자 자세가 이타적 화합형이냐 아니면 이기적이며 아집과 편협하여 친족에만 편애하는 단순형이냐에 따라서 가정이 화목할 수 있고 모두의 불행이 될 수 있다는 것에서 "결혼이란 선택의 복이 운명까지 좌우한다"는 것이다.

선택의 복에는 인생 여정에서 수많은 사람과의 인연과 끝없는 삶의 과정에서 "순간의 선택이 인생을 좌우"하기에 행복이 될 수도 있고 불행이 될 수도 있다는 것에서 본인만의 철학이 있어야 행복으로 귀착되는 선택의 복이 되리라 본다.

선택하는 과정에서 자기와 친하고 좋아하고 사랑하는 관계에서는 확증 편향성이 있어서 객관성이 떨어지게 되어 있으므로 합리적 판단을 못 하고 편애하고 편견을 사랑과 의리로 오인하고 오판할 수 있기에 "친하고 좋아하고 사랑하는 관계일수록 객관성을 갖도록 노력하여야 합리적 판단으로 결정하여 실수나 실패하지 않고 오랜 기간 지속성과 연속성을 유지할 수 있다"는 것이 지혜롭고 현명하게 사는 방법이다.

내 젊은 날에는 이러한 개념적 상식과 지식이 부족하여 믿었던 친구로부터 배신을 받아보았고 피해도 받아보았기에 관계 설정하려는 선택에는 상대의 말보다는 행동을 보고서 믿음의 척도를 가져야 합리적일 것이라는 데는 말에는 가식과 의도가 있을 수 있다는 것이다.

인간에 마음은 행동으로 나타나고 보이게 되어 있다는 사실이다. 이 모든 선택의 복이라는 것이 인생 좌표에 지대한 영향을 준다는 것으로 운명을 가르기에 "자기만의 철학적 개념이 철저하여야 한다"는 것이다.

그러한 면에서 필자는 앞쪽에서 말했던 생활철학과 인생철학을 가지고 있으며 나름으로는 열두 가지의 원칙과 철칙을 지키려 하며 살았기에 "선택의 복을 보람되게 누렸다" 할 수 있다.

인생 여정에서 만물 만인과의 만남에서 어떠한 것을 선택하느냐로 인생의 좌표가 형성되기에 "순간의 선택이 인생사에서 제일 중요하다"는 것으로 "선택의 복"이란 말을 하는 것이다.

그래서 선택의 복은 어떠한 원망이나 핑계도 되지 않고 오로지 자기의 책임이고 자기의 몫이라는 생활철학적 개념이 있어야 실수나 실패가 적게 되어 목적 확률이 높게 될 것이다.

세 번째 단계인 "만드는 복"은 선택의 복이 바탕이 되어야 이룰 수 있는 것으로 자신이 일평생을 살면서 자신이 일구어 놓은 결과물로 인생의 3분의 1을 차지하는 노년기 삶이 어떠한 문화와 환경으로 영위하며 행복의 가치를 누리느냐 하는 것이다.

노년기에 삶을 "어떻게 준비 하느냐" 하는 것은 오로지 자신의 몫이고 자신의 책임이지 누구의 탓이란 것은 있을 수 없기에 젊은 날에 유비무환(有備無患:준비가 있으면 근심이 없다) 자세로 살아온 사람에만 주어지는 특권이라 할 수 있다.

여기에는 금전적인 물적 재산뿐만 아니라 정서적 지적 재산과 건강관리도 유비무환이라는 사실이다.

건강이 보장되지 못하면 재산이 아무리 많고 권력이 있어도 무용지물이라는 것이고 친구 관계도 무용지물이고 자식과 가족 관계에서도 "긴 병에 효자 없다"는 격언에서 보듯이 "인생 자체가 무용지물이 된다"는 사실을 명심하여야 한다.

명심으로만 되는 게 아니고 명심을 실행으로 하려는 의지력이 있을 때만이 결과물이 되어 행복하게 될 거라는 사실을 철학으로 가지고 있어야 가능할 것이라 본다.

건강이 최고의 자산이고 행복한 삶의 근본이란 사실이다.

건강이라 함에는 정신 건강과 육체 건강을 통칭하는 것인데 보편적으로 육체 건강만으로 오인하는 경우가 많다는 사실이다.

사실은 정신 건강이 육체 건강을 지배하고 유지할 수 있다는 것에는 의지력과 인내심의 산물이 육체 건강이라는 것에서 하는 말이다.

의지력이 아닌 취미로 하는 운동으로 육체 건강을 지키려는 것에도 정서에서 비롯되는 것이라 정신 건강이 먼저라는 사실이다.

그래서 건강관리는 값진 투자이고 건강은 삶의 경쟁력이 되어 행복 조건이라는 개념을 갖고 인식하여야 한다.

보편적으로 "투자"라는 말은 돈을 벌기 위한 수단의 범주에서 쓰는 말이지만 필자는 젊은 날부터 지인들에게 "건강관리는 값진 투자 개념에서 운동을 생활화하고 있다" 하였고 건강은 사회생활에서 경쟁력이라는 개념을 가지고 있다.

건강하지 못하면 어떠한 목표도 목적도 이룰 수 없다는 것이 세상사이고 인생사에 기본이고 근본이라는 말이다.

속담에 "발에서 땀이 나지 않는 사람에는 돈을 빌려주지 말라"는 말이 있는데 건강하지 못한 사람을 지칭하는 것이라서 건강하지 못한 사람과는 사회생활을 제한적으로 할 수밖에 없다는 것이다.

직장에서도 건강하지 못하여 "체력이 부족하거나 정신력이 부족하여 중요한 업무를 수행할 수 없을 것으로 보인다"면 회사의 주력 부서에서 배제되어 앞서갈 수 없다는 것이 자명하다.

필자는 정신 건강을 지적 재산 범주로 보는 이유가 사회생활의 경쟁력이라는 데서 그렇고 물적 재산 이루는 것에도 건강하지 못하면 이룰 수 없기에 앞에서 한 말을 재론하는 것이다.

일반적으로 건강관리 하려면 "운동을 생활화하는 것에 취미가 없어서 못한다" 하는데, 취미라는 것은 "목적 가치를 무엇에 두느냐"에 따라서 의지력으로 노력하다 보면 습관이 되어 흥미를 갖거나 인고(忍苦)에서 얻어지는 거라는 사실이다.

"습관이 되면 취미가 된다"는 말이다. 그래서 "건강관리는 만드는 복"이라는 것이 사실이다.

운동도 운동선수에는 직업이라서 노동이 되지만 타 직업을 가진 자에 운동은 건강 하려는 것으로 스트레스 해소와 힐링이 되기에 행복 하려는 것이다.

필자의 개념은 "운동으로 평균수명 이상으로 오래 살려는 것"

이 아니고 사는 동안 건강수명 이상으로 건강하게 살아서 죽음 복을 보람되게 하려는 소망에서다.

물론 일생을 놓고 보면 일로 하여 행복이 목적이고 건강은 수단이라서 "운동이란 것은 건강하기 위한 수단이고 건강은 일하기 위한 필수 조건이고 일은 행복한 삶을 위한 수단이라는 것"을 전제하여서 하는 말이다.

결론적으로 요약하면 "운동으로 건강을 지키려는 것"은 직업으로 일을 하여 행복 하려는 것이라서 지나친 운동은 과유불급(過猶不及)이라고 행복을 거스를 수 있다는 것을 명심할 필요가 있다.

과도한 운동이나 등산은 노동이 되어 "건강 하려는 운동이 되지 않는다"는 것을 명심하여야 만수(萬壽:오래도록 삶)를 건강하게 하여 행복한 삶이 되려는 것에 역행하지 않을 것이다.

특히나 노년기의 건강관리는 "생활 자체가 운동이 되는 원칙과 철칙의 생활 습관이 되어야 한다"는 것으로 올바른 생활 습관으로 먹는 습관, 잠자는 습관, 걷는 습관, 운동하는 습관, 앉는 습관, 보는 습관 등 모든 생활 습관을 올바르게 하는 것이 "운동으로 하려는 건강관리보다도 중요하다"는 것이다.

"음식으로 고치지 못하는 병은 약으로도 고칠 수 없다"는 격

　　지적 재산이 물적 재산을 형성한다

언을 깊이 새길 필요가 있다고 본다.

입맛에 맞거나 건강에 좋다면 과도하게 섭취하려는 경향으로 도리어 건강을 해치는 경우가 많다는 사실이고 짜고 매운 것은 음식 맛이 아니고 각자의 입맛인데 짜다거나 매운 것을 진 맛으로 착각하는 것에서 건강을 해롭게 하더라는 사실을 강조하고 싶다.

국민병이라는 고혈압과 당뇨병이 대표적으로 잘못된 식습관에서 온다는 사실인데 간과하고 있어 젊은 날부터 복용하는 약에도 무감각하여 만병에 근원이 되고 있다는 것을 명심하여야 노년이 행복할 거라는 사실이다.

유병장수(有病長壽:병을 갖고 오래 삶)는 무의미한 인생이 된다는 뜻이다.

필자의 가족에는 고혈압이 가족력이라서 40대부터 음식을 의식적으로 싱겁게 먹고 있으며 사업하면서 운동을 생활화하여 고혈압 약과 당뇨약은 70대 초반인 현시점에서 먹게 된 것도 코로나19로 운동을 소홀히 하고 음식 관리를 잠시 소홀히 하였던 실수로 갑자기 찾아왔다는 사실에서 필자의 경험으로 격물치지에 의한 말을 하는 것이다.

세상사 공짜로 얻어지는 게 없고 준비하는 자(者)에만 만드는 복으로 여생이 즐겁고 보람 있는 행복이 된다는 것에 부합되는 말을 어느 의사가 "건강은 자신이 만드는 것이지 누가 줄 수 있는 것이 아니며 병도 의사는 낫는 방법을 가르쳐 주는 것이고 환자의 의지력에 의한 노력의 결과"라는 말을 하기에 깊이 뜻있게 받아들여 기억하고 명심하고 있다.

"머리는 돈을 주고 살 수 있어도 건강은 돈으로 살 수 없다"며 조깅을 열심히 하였던 전직 대통령도 있었다. 이러한 면에서 보면 육체 건강관리는 정신 건강의 의지력으로 인고의 산물이라는 사실이다.

정신 건강도 만드는 복으로 알아야 여생이 행복하다.

정신 건강의 산물인 육체 건강을 지키려는 운동하는 시간에는 스트레스가 해소되기도 하기에 선순환되는 건강관리가 운동이라는 말이다.

운동이나 등산하면서 진한 땀을 흘리다 보면 모든 고민과 고난의 순간도 잊고 힐링 되기에 하는 말이다.

정신적 노동자는 운동으로, 육체적 노동자는 정서적으로 힐링하는 것이 효과적이라는 순기능이 선순환되는 건강관리라고 할 것이다.

필자는 건강관리를 일과 중에 최우선 과제로 보고 휘트니스 센터 찾아가는 것을 생활화하고 있으며 주말에는 거주하는 위례신도시에서 남한산성 등산하는 것을 즐겨 하고 있다.

가끔은 친한 친구들과도 올라가지만 혼자서 올라가며 사색하는 것을 즐기는 이유가 있다.

친구들과 함께하면 즐거운 대화가 되기에 즐겁기는 하지만 내 삶에 있었던 언행을 성찰하고 반성하는 사색이 부족할 수 있어 필자는 혼자서 다니는 것을 즐기고 있다.

그리고 가톨릭 신자로서 남한산성 순교자 성지에서 미사를 보면서 정서 관리하고 고해 성사하면서 진일보하려는 목적의식이 강하여 혼자만의 사색을 즐기는 방식으로 삶에 가치를 높이려는 것이다. 걸으며 하는 사색이 긍정의 힘을 준다.

이 글을 쓰고 있는 오늘 일요 미사에서는 신부님의 강론이 "사람을 혐오하지 말고 매력을 보라 했고, 좋아하는 일을 하는 것보다는 해야 할 일을 좋아해야 행복하다"는 말을 하기에 의미적 함의로 생각해 보니 "행복은 주어지는 것이 아니고 만드는 것"이라는 뜻으로 받아들였기에 가슴속 깊이 간직하려 한다.

"성찰과 반성 없는 인생은 미래가 없다"는 것은 소크라테스의 말에서 얻은 철학인데 내 삶의 격물치지에서 실감하고 있기에 자신 있게 말하는 것이다. 내 성급한 성격으로 불의에는 과격하게 대응하는 실수와 잘못함을 "성찰하고 반성으로 발전의 과정을 만들려고 3초 후에 대응한다"는 각성과 자성을 하였다.

필자는 라디오 듣기를 즐겨하며 세상사 정보 얻는 것을 좋아하기에 등산하면서도 라디오 들으며 사색하는 것을 습관적으로 하고 있다. 그러는 과정에서 마음의 양식이 커지고 많아지는 것을 보람으로 느끼고 있기에 즐거워하고 있다는 것이다.

등산이란 하나에서 체력 관리와 정신 건강까지 얻을 수 있으니 이것을 일거양득(一擧兩得:한 가지의 일로 두 가지의 이익을 보는 것)이라 할 수 있으니 "이보다 좋은 건강관리가 있을까?" 싶다.

정신 건강에는 종교 생활이 많은 도움이 된다는 것이다.

종교를 위한 신앙심이 아니고 나를 위한 종교 생활이란 개념이 확고해지면 "현재의 나를 위하여 신앙심을 고취함이 행복으로 귀결될 것"이라 본다.

"종교는 사람 위해 존재하는 것이지 사람이 종교를 위해 존재하는 것이 아니라는 사실이 과학의 영역에서 입증되고 있다"는 것을 종교학 박사 학위자에서 읽을 수 있었기에 내 가치관 확립에 도움 되었고 정신 건강 관리에도 많은 도움이 되고 있다.

슈바이처도 "학문과 종교도 인간을 위함이지 그것이 삶의 목적이 될 수 없다"고 하였다는 것이다.

성당에서 미사라는 형식 속에서 신부님들의 강론을 듣다 보면 삶의 가치성과 지혜로움과 현명한 생활방식을 얻고 배울 수 있어서 일일삼성(一日三省:하루에 세 번씩 자신의 행동을 반성함)의 기회로 삼고 활용하는 것으로 정신 건강에 좋다는 것이다.

오랜 역사 속에서 보면 종교가 사상계의 큰 영역을 차지하고 있다가 이성적 철학 사유가 증대되어 정신계의 큰 부분을 철학이 계승하여 근대사회로 접어들어서 과학의 발전으로 종교의 설 자리가 좁아지고 상실되고 있다지만 종교적 신앙심이 삶의 가치를 지키고 높이는 데는 많은 도움이 되고 있다는 것을 부정할 수 없기에 모태신앙(母胎信仰:어머니의 태 안에서부터 물려받아 믿게 된 신앙)이라 할 수 있는 가톨릭(천주교)을 종교로 삼고 삶에 가치를 높이고자 하는 것이다.

육체적 스트레스는 정서적으로 풀어야 하기에 대중문화 예술인 연극이나 영화 보기를 즐기는 것도 좋다는 것이고 독서 하는 취미가 배움에 의한 지적 수준 향상과 자존감 높이려는 것으로 일석이조(一石二鳥:돌 한 개를 던져 새 두 마리를 잡는다는 뜻으로 동시에 두 가지 이득을 본다)가 되기에 적극적으로 추천하고 싶다.

무엇인가 "배우기 위해서만 책을 읽는다" 생각하는데 책 읽기를 취미에 부치면 외롭고 쓸쓸한 무력감도 씻을 수 있고 혼자만 보내는 시간을 메울 수 있기에 노년기에 특히 좋더라는 것이다.

"무엇이고 배우고 알려 하는 취미가 재미있고 보람 있다"는 사실이며 나이 먹어갈수록 혼자만 보내는 시간이 많아지는 것을 어찌할 수 없기에 시간 공간을 메우는 데는 참으로 좋다는 사실이다.

"외로운 노년이 단명한다"는 말이 있으니 친구들과 어울리는 것이 중요하지만 혼자서도 외롭지 않게 살 수 있는 취미로는 운동하는 습관과 독서 하는 취미를 젊은 날부터 몸에 익히는 것이 육체 건강과 정신 건강을 병행하여 지키는 "건강관리가 된다"는 것이다. 노년은 미움받을 나이라서 미움받지 않으려는 것이 현명한 것인데 쉽지 않은 숙제다.

일상적으로 신문과 방송에서 새로운 정보를 얻고 사회의 현실을 알아야 시대정신에 뒤지지 않고 미래지향적으로 살 수 있다는 사실이다.

세상은 아는 만큼 보이고, 보이는 만큼 느끼고, 느끼는 만큼 행복할 수 있기에 세상사 돌아가는 현실을 외면하지 말고 적극적으로 알려 하여야 세상을 선도하고 지배자가 될 수 있다는 사실이다.

역설적으로 실례(實例)를 들어보면, 정치인에 정치는 직업이라서 자기들 먹고 살기 위하여 국민을 속이려는 속성을 모르고 자신에게 손해 끼치는 정책을 하며 고도의 속임수로 속이려는 것도 모르고 맹종 맹신하는 팬덤이 생기는 현상에서 "세상사를 알고 행하여야 한다"는 개념이 있어야 "자기 발등 찍는 바보짓을

지적 재산이 물적 재산을 형성한다

않는다"는 것에서 "알고 배우려는 일상이 참으로 중요하다"는 것이고 불행하지 않게 살려는 최소한의 정신자세라는 말이다.

정신 건강관리에는 주변 사람들과의 관계 관리가 참으로 중요하다는 것이다.

사람들에 희로애락(喜怒哀樂)은 물질적인 것보다는 일상에서 타인과의 관계에서 발생 되는 경우가 다반사라는 데서 주변 사람들과의 관계가 제일 중요하다.

로버트 월딩어 하버드대 의과대 교수가 "행복한 삶"의 조건을 영구한 결론은 "행복은 부(富)와 명예와 교육에 없었다"며 "인생에 있어 오직 중요한 한 가지는 사람들과의 따뜻하고 의지할 수 있는 관계"라고 강조했다는 것에서 보면 사람 관계는 본인이 선택하여 관리하고 만드는 것에서 행복의 척도가 된다는 말이다.

요즈음 사회는 말이 좋아 개인주의이지 이기주의가 지나치게 팽배해지고 있어서 인간미보다는 동물적 물질 만능으로 인면수심(人面獸心)의 세상이 되고 있어서 가족 관계까지도 아름다운 인간미가 실종되고 있다는 데서 주변 관리가 정신 건강에 중요한 비중을 차지하고 있는 현실이다.

남이 잘되는 것을 배 아파하고 질투하고 시기하고 못되기를 바라는 현상이 팽배하고 있기에 내 삶의 지표같이 생각하는 송무백열(松茂柏悅:소나무가 무성하게 크는 것을 보고 측백나무가 기뻐한다는 뜻으로 친구가 잘됨을 기뻐한다는 말)이란 말을 모임에서 건배사로 인용하고 있는 것도 현실의 선입견 때문에 하는 것이며 마중지봉(麻中之蓬:삼밭에서 자라는 쑥은 붙들어주지 않아도 저절로 곧게 자란다는 뜻으로 좋은 환경에서 자라면 악한 사람도 선량해진다는 말)의 관계가 되기를 요망하는 것이다.

이 모든 것은 불인인지심(不忍人之心:남의 불행과 고통을 차마 모른 척하고 지나칠 수 없는 마음)이 있어야 가능하다는 것이다.

요즈음 사회 현상을 보면 "인간미"가 내 살아온 세월에서도 격세지감(隔世之感)으로 느끼고 있어서 하는 말이고 인간미가 갈수록 추락하고 실종되고 있는 현실이 정말로 싫어서 행동하는 양심으로 하는 말이다.

누구나가 한 가지 이상의 매력이 있기에 서로의 매력만을 찾아보면 아름다운 사회가 되어 보람이 가득한 환경의 문화가 형성되면 모두가 행복한 나라가 될 것이라는 희망 가져 본다.

배려심과 베푸는 것은 궁극적으로 자기 위하는 것이라서 배려와 베풂을 보람으로 알고 행하려는 데서 인간관계가 아름답게 되고 행복까지 이루게 되면 금상첨화(錦上添花)의 사회가 될 거라는 것이다.

쇼펜하우어가 "젊었을 때는 자유를 외치다가도 늙으면 운명으로 인정한다"는 말에서 "지혜로운 사람은 운명론자가 된다"는 거로 욕심을 버리고 무 소유자가 되려는 것이 노년에는 특히나 현명할 것으로 본다.

필자가 보는 요즈음 세상에는 생존경쟁 만능주의라서 인간미(人間美)가 없고 이기주의로 매력은 없고 혐오만이 판치는 것 같다.

노년 세대들이 하는 말을 들어보면 물질 만능주의가 되어 개인주의라는 그럴듯한 논리로 이기심을 내심에 깔고 "물보다 진한 게 피"라는 가족애와 혈족 개념을 무색하게 "피보다 진한 게 돈"이라는 물질 우선주의로 하여 인간미라는 것이 없는 현상을 부끄러운 줄도 모르고 어린 자식들 앞에서도 이기주의를 공공연하게 행하는 것을 보려면 역겹기까지 하다는 것이다.

부모도 모르고 형제애도 없이 "물질만능적 이기주의가 지혜이고 현명한 줄 아는 것"이 자기 자식에는 교훈이 되어 자신이 늙어지면 보고 자란 자식이 똑같거나 더한 짓을 하면 자신이 하였던 것에 대한 부메랑이 되어 후회할 거라는 말이다.

그것을 업보라는 말로 인과응보(因果應報:행한 대로 업에 대한 대가를 받는 일)라 하는 것이 정답이고 좋게 말해도 사필귀정(事必歸正:무슨 일이든 결국에는 옳은 이치로 돌아간다)이라는 것이 세상에 이치다.

이 글을 마무리할 즈음에 어느 일간지에 연세 대학병원 암병원 황세희 교수의 칼럼에서 "사랑도 가족도 돈으로 따져"라는 글로 "대한민국호가 공동체를 지탱하는 주춧돌 '합리적 가치관과 규범'이 파괴되고 있다"는 글이라 첨언 한다.

요지는 "황금 만능주의로 도덕과 윤리와 예의와 양심과 체면을 말하는 것이 위선으로 치부되고 있다"며 이것을 앞장서서 조장한 집단이 부도덕한 정치인들이라는 것이다.

필자의 견해와 같으며 극한 거부감이 있어 이 글을 쓰게 된 동기이기도 하기에 황세희 교수의 글에 공감이 되었다.

이를 반영하듯 한국인은 물질적 행복(material well-being)을 삶에서 가장 중요한 가치로 꼽아서 가족 간에 사랑도 돈의 양으로 평가하고 판단하여 진정한 행복의 가치를 망치고 있다는 것이다. 행복을 망치는 돈은 독이 든 꿀이다.

필자의 청소년 시절까지는 굶어보기도 하였기에 돈이면 인생사 만능인 줄 알았으나 그렇지 않다는 것을 살아오며 격물치지로 터득하고 배움으로 보면 "가족 간에 사랑까지도 돈으로 계량하면 가화만사성에 기반한 '삶의 가치인 행복'이 반비례한다"는 것이 필자의 가치관이다.

결코 "물적 재산이 행복을 보장하지 못하고 필수 조건이라는 것으로 지적 재산이 전제된 개념이 중요하다"는 것이다.

행복 하려 옳고 바르게 살아도 불행이 엄습하는 세상을 "자신의 잘못된 삶으로 자신의 후세에 잘못된 교훈을 심어주어서 불행을 자초하는 결과가 된다면 불행은 필연이 된다"는 것 알고 자성과 각성하여야 한다.

요즈음 젊은이들에 "부모 세대보다 잘살 수 없다"는 말에는 "의지력 없어 자신감 없다"는 것이라서 극히 부정적으로 본다.

삶에 대한 목표 의식이 있어야만 의지력이 생기는 것인데 "철학이 없어 자신감 없다"는 것이고 "자신감 없으니 의지력이 없다"는 것이라서 그런 사람에는 미래의 행복이 요원할 것이라서 하는 말이다.

현명한 지적 재산이 되어야 물적 재산을 형성할 수 있을 것이다.

지금까지 부정적인 말을 한 이유는 "생각하고 살지 않으면 살던 대로만 산다"고 문제점이 무엇이고 잘못이 무엇인지 알아야 반성하고 성찰하여 개선하려 할 것이고 과이불개(過而不改)라는 말과 같이 "잘못하고도 고치려 하지 않으면 더 나쁘고 좋지 않은 결과"로 불행할까 봐서 하는 말이다.

불행하지 않도록 하려는 삶도 지적 재산이다. 여기에서 소크라테스가 한 말 중에서 "성찰하지 않는 인생은 미래가 없다"는 것을 상기하고자 한다.

"성공한 인생이란 행복의 척도(尺度)로 가름 된다"는 것이다. 성장하는 청소년기와 삶을 영위하고 노년을 준비하는 중년기의 젊은 날에 인생은 성취감(成就感)이 크고 많을수록 행복감이 높았던 것 같고 노년에 인생은 외롭지 않고 즐거움이 많을수록 행복감이 크고 많은 것이고 후세대인 자식과 손주들이 행복해하고 성취(成就)가 많은 것을 보는 것으로 살아온 인생을 보람으로 느끼어 행복감이 많아지는 것을 체감하고 있다는 것이고 내 인생 80대와 90대는 살아보지 못하였기에 현재의 느낌으로 소희(所希)를 말하는 것이고 승어부(勝於父:아버지보다 나음)가 되기를 바라고 도와주려는 것이 행복이란 것을 체득(體得)하고 있다.

육체적으로나 정신적으로 성장기에는 꿈과 희망을 실현하고자 공부하는 과정에서 남보다 앞서는 성적의 우월성에서 성취감이 커지는 것으로 행복을 느끼고 앞날에 부가가치 많은 직업을 선택할 수 있다는 희망과 기대심이 행복이었기에 "할 수 있다는 자신감이 하려는 의지력을 고취함이 행복이었다" 할 수 있다.

사회에 진출하고는 직업과 직장을 사랑하며 하는 일에 대한 성취감으로 타인과의 선의의 경쟁에서 우월성을 보이고 앞서가는 업무를 하면서 높아지는 직책과 직급으로 선배들을 뛰어넘는 성취감에서 부수적으로 따라오는 물적 재산이 커지는 것으로 가족에게는 많은 도움을 줄 수 있다는 것에서 성취감이 되어 행복이 되더라는 것이다.

만드는 복이 효율적이고 효과적이면 성취감이 높아져 행복한 것이지 물적 재산과 권력이 많고 크다고 해서 그 자체가 행복을 보장하는 것이 아니고 남이 보기에만 좋은 것이다.

그러한 면에서 필자는 남의 재산 많은 것을 부러워하지 않고 권력에 비굴하지 않고 당당하게 대하며 자존심을 지키는 것으로 자존감을 높이며 살려 하는 것에 보람으로 느끼고 있다.

"공부와 종교도 사람의 인생길을 위하는 것이지 그 자체가 목적이 될 수 없다"는 말과 같이 돈과 권력 자체가 행복이 아니고 그것을 성취하는 과정이 행복이라는 데서 "무엇이고 부족한 것에서 더 많은 것을 성취하려는 의지와 노력에서 얻어지는 성취감이 행복"이라는 사실이다.

이것이 플라톤의 행복론에서 "무엇이고 조금은 부족해야 채우기 위해 노력하는 것이 행복이다"라고 말했던 것이라 본다.

부족한 것을 채우려는 것 중에도 지적 재산이 가장 값진 것이라는 이유가 물적 재산은 지적 재산과 비례되는 것이 보편성이라서 부족한 지적 재산을 높이려 공부하고 학습하는 것으로 목적을 성취하여 물적 재산이 형성되면 행복이 극대화되어 "성공한 인생"으로 여생이 아름다울 것이다.

성취감이 클수록 물적 재산이 많아지고 커지는 것이지만 많아진 것을 어떻게 관리하고 보존하느냐에 따라서 현재와 미래의 노년기에 행복과 불행으로 가름 될 것이라서 불법으로 물적 탐욕을 부리거나 도박과 마약 등으로 잠시의 쾌락과 환락은 독이 든 꿀과 같아서 독약을 먹는 것으로 알아야 하며 그것이 행복인 줄 착각하는 순간이 영원한 불행을 자초하는 것이기에 남들로부터 객관성과 합리적으로 인정받고 존중받는 삶을 영위하여야 진정한 행복으로 여생이 행복할 거라는 사실이다.

"노년이 행복해야 진정으로 성공한 인생"이라는 것에 이의가 없다. -미움받지 않도록 살려해야 가능하다.

젊어서 아무리 부귀영화(富貴榮華:재산이 많고 지위가 높으며 귀하게 되어 영광을 누림)를 누렸어도 노년이 불행하면 인생 모든 것이 불행한 것이라서 실패한 인생이라는 뜻으로 젊어서 부귀영화는 한단지몽(邯鄲之夢:인생의 부귀영화는 일장춘몽과 같이 허무함)이라는 말이다.

필자가 살아본 경험에 의하면 물적 재산(돈, 재산, 권력) 자체가 행복을 보장해 주지 않고 물적 재산 형성하는 과정이 행복이라는 사실에서 "지적 재산을 어떻게 영위하느냐가 행과 불행으로 좌우된다"는 개념을 옳고 바르게 확립시키고 설정하여야 노년의 행복으로 성공한 인생이 될 것이다.

"노년의 행복은 젊은 날의 성취감과 비례한다"는 명제가 돼야 성취감을 위한 노력이 강해질 것으로 본다.

필자의 선배들 삶에서 격물치지로 보면 젊어서 만들어온 복으로만이 행복한 것이 아니라는 사실이고 여생이 행복 하려면 "직업을 놓거나 삶의 꿈과 희망을 놓고 건강관리도 의지력 없어 소홀하고 편하게 살려는 사람들이 더 빨리 늙고 더 빨리 건강이 쇠약해진다"는 사실을 알 수 있고, 건강관리는 값진 투자라는 개념을 가져야 "노년의 행복이 된다"는 것에 명심할 필요가 있다.

가장 바람직한 건강관리 방법은 "돈에 목적을 두지 않고 일하는 가치에 자부심 갖고 직업을 평생 함께하는 것"이 건강을 지키는 최고의 수단으로 하면 "행복을 보장받는다"는 것이다.

"돈이 목적이 되면 스트레스가 수반되어 불행할 수 있다"는 뜻에서 하는 말이다.

백발의 영광이란 말과 같이 늙음을 서러워 말고 현재와 현실을 긍정적으로 받아들이며 살아온 날들을 보람으로 여기어 행복해하고 영광스러운 운명이 되도록 "늙어서도 배우려 하고 알려 하는 삶이 행복을 가져다준다"는 것을 내 삶에서 체감하며 체득하고 있다.

내 인생 자체가 "학부 졸업장이 없어서 힘들게 살았지만 학부 졸업장 없었기에 치열한 경쟁에서 앞서가고 뛰어넘을 수 있었다"는 것으로 오늘의 나를 만족할 수 있기에 어설픈 글을 쓰고 있으며 "노년의 삶에서도 배우고 알려 하는 것과 가까운 지인들에 베풀겠다"는 개념으로 아름다운 여생을 보내려는 것이 보람으로 행복하다.

"행복은 주어지는 것이 아니고 만드는 것"이라는 것에 충실하려 한다.

일생에서 행복만이 지속적으로 누릴 수 있는 것이 아니라는 것을 인식하고 어려움과 시련을 인고(忍苦)하며 극복하려는 과정으로 더 고귀한 행복을 느끼려는 것이 보람되어 일상의 보편적 삶에서 감사함이 많아지면 행복이려니 할 것이다.

현대 사회는 메커니즘의 시대라서 기계적으로 도식화된 환경에서 행복한 삶을 영위하려면 자연환경과 더불어 살려는 여유를 찾아야 하고 지적이고 문화를 향유 하려는 기회 접목을 해야지 정신적 업적과 문화적 혜택을 외면하면 안 된다.

그러한 인생을 살기 위해 "소양이 부족하다는 자탄과 책 읽는 것에 시간 없다거나 정신적 내용 섭취하길 거부한다"면 지적 재산을 쌓을 수 없어 물적 재산도 쌓을 수 없으니 행복은 요원할 것이므로 "생활의 여유를 고귀한 인생의 지혜로 삼는 이유를 깊은 마음에 심고" 행복을 지향하고 추구하여야 한다.

이것이 "행복은 만드는 복이라는 개념적 사명감 같은 의식이 있어야 가능하다"는 것이다.

인생은 "얼마나 오래 사느냐가 아니고 어떻게 사느냐"가 중요하므로 생을 다하는 날까지 추하지 않고 자식들에도 폐가 되지 않게 살다가 부모 옆으로 찾아가는 것이 가족 사랑이고 자아 사랑이라 하는 것이다.

필자는 오늘 현재까지도 충실하게 살았고 부끄럽지 않게 살았다는 자부심 가지려는 것에, 첫 번째는 나름대로 최선을 다하며 성취감으로 살았고 두 번째로는 비굴하지 않고 당당하게 자신감으로 떳떳하게 살았으며 세 번째로는 준법정신으로 충실하게 남에게는 피해 주지 않고 정의롭게 살았으며 네 번째로는 온갖 고난에도 꿋꿋하게 인고로 살았으며 보람 있는 삶으로 의미 있고 뜻있게 "만드는 복"으로 살고 있다는 것이다.

필자는 생을 다 하는 그날까지 물이귀기이천인(勿以貴己而賤:자신을 귀하게 여기어 남을 천하게 여기지 말라)을 가슴에 담고 "철학은 인생 진리의 해답이기에 유교 사상에서 배우고 종교적 신앙심은 인생의 마지막 물음에 대한 해답이라는 것"에 공감하기에 "철학적 신념과 종교적 신앙심"으로 여생을 아름답게 행복 하려 한다.

필자가 오랜 세월 살아오며 터득한 삶에 가치는 "행복 하려는 목표 지향성"으로 수많은 사람과 인연을 맺으며 살기에 부가가치 높은 관계를 설정하려 인격을 높이려는 수단으로 "세상에는 공짜가 없다"는 개념과 정신이 "모든 생활의 소명 의식과 사명감을 가지도록 한다"는 것이다.

그것에는 먼저 배려심과 배풀고 살아야 된다는 것이고 받았으면 상응하는 도리를 지켜야 한다는 절대성이 필수적이라서 상대에 도리를 지키려는 것은 나 자신에는 자존심이 되기에 "공짜는 바라지 않고 원하지도 않으면" 가심비(價心比)를 얻어서 무신불립(無信不立)의 좌우명에 충실할 수 있으니 행복감이 높아진다는 것이다.

도리를 지키지 않고 공짜로 인식하는 이기심에는 인간관계가 계속될 수 없는 것이 인지상정(人之常情:사람이라면 누구나 가지는 보통의 인정 또는 생각)이라서 "받고서 갚으려는 도리를 지키지 않으려면 신세 지지 않아야" 자존심을 지키는 것이다.

자존심을 지키려는 것이 자존감을 높이는 것이 되어 수준 높은 지적 재산을 쌓을 수 있으면 물적 재산을 적토성산(積土成山:흙을 쌓아 산을 이룬다. 작거나 적은 것도 쌓이면 크게 되거나 많아짐) 할 수 있어서 행복 조건을 이룰 수 있다.

철학적으로 말하자면 "대우받으려 하지 말고 대우받도록 하

지적 재산이 물적 재산을 형성한다

라는" 말이다.

그래야 존경까지 받아 행복할 것이다.

노년에 아름다운 행복의 필수 조건은 첫째가 건강하여야 하고 두 번째가 적당한 재산은 있어야 하며 세 번째로는 외롭지 않게 살아야 하기에 평생을 함께할 직업으로 일을 할 수 있으면 금상첨화(錦上添花)다.

거기에는 신분과 직분에 맞도록 "답게 살아야 하며" 멋있고 아름다운 사람으로 살려면 인성과 품성을 높이어 자존감을 높여야 하며 공부와 학습보다도 소중한 경험에 의한 실사구시(實事求是)로 개념 있게 살아야 한다.

세상은 아는 만큼 보이는 것이 진리라서 세상사를 많이 보려는 배움의 노력으로 자신뿐 아니라 남에 마음도 읽도록 하여 아름다운 환경과 문화에서 만추(晚秋:늦은 가을=노년기)에 단풍놀이(백발의 영광) 즐겁게 하고 백설(白雪)이 만건곤(滿乾坤)할 때(여생의 끝자락)에 낙락장송(落落長松:행복한 인생)되어 잣나무(친구, 지인들)와 함께 푸르고 푸르게(배려와 베푸는 삶) 살면서 보람 있는 삶으로 행복이 충만해야 성공한 인생이다.

필자의 여생에서 마지막 자존심은 지금까지 그랬듯이 "나 아닌 타인과 가족에게 피해 주거나 부담 주지 않고" 안락하게 세상을 선종(善終)하는 것이다.

요는 "긴 병에 효자 없다"고, 가족이 힘들어하고 불효자를 만들고 싶지 않고 내 자존감이 상실될까 싶어서 그렇고 이것이 지적 재산으로 보기 때문이기도 하다.

이 모든 것은 젊은 날에 유비무환 개념으로 "만드는 복"에 충실하여야 가능하다는 것에서 미래를 준비하고 만들고 있는 세대에게 "지적 재산 높여야 물적 재산 이루고 노년의 삶이 행복하여 성공한 인생이 된다"는 말을 강조하고자 한다.

필자의 회고록 제목이 "보람 있는 삶의 행복"이었는데 요지는 많은 성취감으로 "베풀고 나누면 어딜 가나 사랑과 환영을 받기에 궁극적으로는 자아 사랑이 되는 것"이고 나의 인생길을 넓게 여기는 것에서 보람이 되어 행복하더라는 뜻이었다.

함의 적으로는 내 주변에 모두가 "베풀고 나누며 사랑과 감사하는 환경으로 문화가 되기를 바라는 뜻"에서 모두가 평화롭게 살기를 기대하고 다 함께 행복하여 성공한 인생이 되기를 기원하는 마음에서다.

이러한 세상이 되어 모두가 보람 있는 삶으로 행복하길 희망하며 기대하는 소망으로 사랑을 주며 감사하는 뜻에서 이 책을 읽은 모두와 내가 알고 나를 아는 모든 이에게 송무백열(松茂栢悅)의 마음으로 마중지봉(麻中之蓬)의 사회를 기대하며 다음과 같이 송산(松山:필자의 호) 스테파노가 기도문을 남긴다.

단, 내 자식들에는 더 훌륭하게 키워주지 못한 아쉬움으로 미안하게 생각하니 스스로가 승어부(勝於父)는 물론 귀감 되는 사람으로 아름답게 행복하길 기원하며, 내 삶에서 죽음으로 가는 길에 물질적 유산보다는 정신적 삶의 유산을 남기고 싶으나 높은 품격과 인격을 이루지 못하였기에 두 권의 책(글)으로 족적(足跡)을 남기고자 한 것이니, 후세(後世)에 조금이나마 도움이 되기를 희망한다. 그러면 지적 재산이 쌓이고, 자연히 행복할 수 있는 물적 재산도 이룰 수 있다.

모두에 평화를

서로가 사랑을

만사에 감사하며

일생을 축복과 행복이 충만하도록 기도합니다.

지적 재산이 물적 재산을 형성한다

공노석 지음

발행처　도서출판 청어
발행인　이영철
영업　　이동호
홍보　　천성래
기획　　남기환
편집　　방세화
디자인　이수빈 | 김영은
제작이사 공병한
인쇄　　두리터

등록　　1999년 5월 3일
　　　　(제321-3210000251001999000063호)

1판 1쇄 발행　2023년 10월 10일

주소　　서울특별시 서초구 남부순환로 364길 8-15 동일빌딩 2층
대표전화 02-586-0477
팩시밀리 0303-0942-0478
홈페이지 www.chungeobook.com
E-mail　ppi20@hanmail.net

ISBN　　979-11-6855-149-7 (03190)